绿色金融、经济的绿色化与高质量发展研究

李光勤　著

中国财经出版传媒集团

图书在版编目（CIP）数据

绿色金融、经济的绿色化与高质量发展研究／李光勤著.—北京：经济科学出版社，2021.9
ISBN 978-7-5218-2932-7

Ⅰ.①绿… Ⅱ.①李… Ⅲ.①金融业-绿色经济-研究-中国 Ⅳ.①F832

中国版本图书馆 CIP 数据核字（2021）第 200809 号

责任编辑：刘殿和
责任校对：靳玉环
责任印制：范 艳

绿色金融、经济的绿色化与高质量发展研究
李光勤 著
经济科学出版社出版、发行 新华书店经销
社址：北京市海淀区阜成路甲 28 号 邮编：100142
教材分社电话：010-88191309 发行部电话：010-88191522
网址：www.esp.com.cn
电子邮件：bailiujie518@126.com
天猫网店：经济科学出版社旗舰店
网址：http://jjkxcbs.tmall.com
北京密兴印刷有限公司印装
710×1000 16 开 11.5 印张 220000 字
2021 年 11 月第 1 版 2021 年 11 月第 1 次印刷
ISBN 978-7-5218-2932-7 定价：46.00 元
（图书出现印装问题，本社负责调换。电话：010-88191510）

前　言

中共十八届五中全会首次将“绿色”发展上升到国家高度，与“创新、协调、开放、共享”并列，成为五大发展理念。“绿色”作为关键词，在中共十九大报告中出现了15次。可见，中国对“绿色”发展的重视。中国近年来实施的生态文明建设、低碳经济、经济高质量发展等战略，均是为了实现“绿色”发展而作出的战略决策。2021年3月，政府工作报告明确了2030年实现碳达峰、2060年实现碳中和。这标志着中国就气候变化、环境保护问题向世界给定了一个明确的时间表，也为中国在未来10年和40年的可持续发展道路指明了方向。

与碳达峰、碳中和相对应的碳金融已经成为西方国家在实现碳减排过程中的主要金融手段。绿色金融越来越受到中国学术界和实践界的关注。近年来，我国的绿色金融发展迅猛，包括绿色信贷、绿色保险、绿色债券和碳金融等领域。国家针对绿色金融出台了一系列的政策措施，如2012年发布的《绿色信贷指引》，该政策为绿色信贷的发放进行了明确的规定，要求对高污染、高能耗产业进行限制信贷。这一政策带来了经济的低碳化、绿色化，并促进经济的高质量发展。本书以这一政策为准自然实验，运用计量经济的因果识别方法，分别考察绿色金融对经济低碳化、绿色化和高质量发展的影响。

作者

2021年8月

目　　录

第一章　绪　　论

第一节　研究背景与意义

一、研究背景

我国40余年的改革开放，对环境问题不够重视，导致环境质量不断下降。而当我国经济发展水平达到一定程度之后，特别是全球环境压力和我国环境问题日益突出的时候，对经济的绿色发展需求则不断提升。2005年习近平在浙江提出“绿水青山就是金山银山”，即“两山”理论，在党的十八大和十八届三中、四中全会上对经济的绿色发展均进行了顶层设计。2015年5月，党中央、国务院联合发布了《关于加快推进生态文明建设的意见》，将经济发展提升到生态文明的高度，与精神文明和物质文明居同等的地位。同时，环境压力和全球经济形势的变化，导致我国经济增长速度放缓，逐渐将追求经济增长速度转向追求经济发展质量。在党的十九大报告中，明确提出“必须坚持质量第一”和“质量强国”的发展目标。在2019年《中央经济工作会议公报》中，再次强调把绿色发展和经济高质量发展作为当前及未来几年的发展重点。可见，经济的生态化和高质量发展已经成为中央和地方政府的政策取向和实施方向。但是，如何实现经济的生态化和高质量发展，是当前我国政府和学界的重要课题。

为了维持中国经济增长的动能和经济的可持续发展，特别是针对环境问题，我国政府从生态环境和环境污染治理等角度出台若干政策措施以缓解资源与环境的矛盾（中国人民银行杭州中心支行办公室课题组，2011）。在党的十九大报告中，将绿色金融作为实现经济绿色化和推进经济高质量发展的主要路径。在我国的金融体系中，绿色金融从无到有、从弱到强，目前已作为绿色发展过程中的主要金融工具。因此，有必要对绿色金融在经济绿色化和经济高质量发展中的作用效应进行系统研究，从而正确认识我国绿色金融的作用，为我国经济绿色发展和高质量发展提供经验证据，并提出相应的政策建议。

二、研究意义

（一）理论意义

第一，构建绿色金融、经济绿色化和高质量发展的理论框架体系。本书将绿色金融、经济绿色化和高质量发展纳入同一分析框架，重点考察绿色金融如何实现经济绿色化和高质量发展。这有助于更好地理解三者之间的关系，同时也为寻找几个问题之间的逻辑因果关系提供可能。

第二，总结绿色金融、经济绿色化和高质量发展的理论基础，为几个问题的具体研究提供理论指导。本书将全面总结绿色金融、经济绿色化和高质量发展三个问题的理论基础，希望从理论上探讨三个问题之间的逻辑关系，对进一步分析三个问题，以及这三个问题之间的逻辑关系具有重要的意义。

第三，从理论研究和经验研究上理顺绿色金融、经济绿色化和高质量发展的内在逻辑关系。本书将采用双重差分法（DID）、倾向匹配—双重差分法（PSM-DID）、工具变量法、空间计量模型，以及系统 GMM 估计等应用微观计量经济学的因果识别法，详细分析三个问题之间的内在因果关系，以期从理论上找到与实证研究相对应的理论基础。

（二）现实意义

第一，更好地指导绿色金融的发展。绿色金融提出时间短，发展中存在的问题多，而且还在不断探索中。本书全面分析绿色金融的内涵和研究现状，可以更好地为绿色金融发展提供相应的理论指导和经验证据。

第二，实现更好的经济绿色化。面对环境污染问题的加重，要让经济保持绿色化发展，金融支持是非常重要的。本书通过研究绿色金融在经济绿色化过程中所起的作用，可以更好地指导实践，实现更好的经济绿色化。

第三，实现更好的经济高质量发展。经济高质量发展是我国政府在新时期提出的重要战略。本书通过绿色金融在经济绿色化过程中的作用，分析经济高质量发展的具体机制，可以更好地指导经济通过绿色金融实现高质量发展。

第二节 研究内容与创新点

一、研究内容

第一章，绪论。首先从研究背景的分析中提出研究问题——绿色金融、经济绿色化与高质量发展研究。其次从绿色金融、经济绿色化、经济高质量发展三个关键词出发，分析三个问题的提出及其内涵，针对这三个问题的国内外相关文献进行综述，并提出本研究的理论与现实意义。最后详细说明每部分的具体内容，以及本研究的创新与特色。

第二章，文献综述。分别从绿色金融、经济绿色化和高质量发展的相关理论出发，分析每个关键问题的相关理论背景，结合相关的理论，研究如何将三个问题纳入同一个分析框架，进而为本研究的后续内容提供理论支撑。

第三章到第五章，分别分析我国的绿色金融、经济绿色化、经济高质量发展三个方面的政策体系，以及我国发展绿色金融，实现经济绿色化和经济高质量发展方面的具体实践。特别是可以借鉴一些国外的发展经验，对我国的相关问题发展提供对策建议。

第六章和第七章，分别从绿色信贷政策的减排效应和绿色信贷政策的绿色信贷效应两个角度考察绿色金融与经济低碳化和绿色化的关系。具体来说，将《绿色信贷指引》作为政策冲击，分析对“高能耗高污染”行业的 CO_2 排放量减少效应，以及对“高能耗高污染”的信贷规模减少效应进行详细分析。

第八章，从产业结构升级角度考察绿色金融与经济高质量发展之间的关系。产业结构升级是高质量发展的具体体现，这部分将绿色信贷规模作为绿色金融发展水平度量指标，考察两者之间的因果关系，从而寻找到绿色金融与高质量发展之间的因果关系及其具体的机制。

第九章，一般来说，测算高质量发展的指标是全要素生产率，测算绿色化的高质量发展则一般采用绿色全要素生产率。本章采用绿色全要素生产率作为绿色化的高质量发展指标，考察绿色金融与绿色化高质量发展之间的因果关系及其具体的机制。

第十章，主要结论与启示。总结前述研究的主要结论，并提出政策启示。在此基础上，综合分析本书研究存在的不足，以及未来拓展研究的方向。

本书研究的技术路线，如图1-1所示。

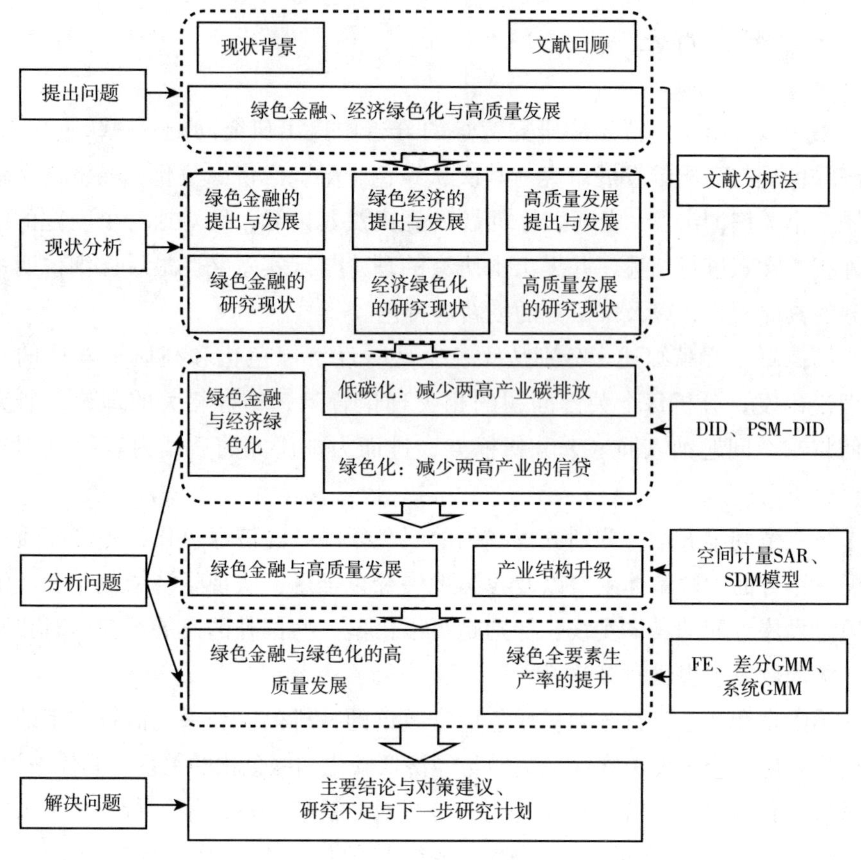

图1-1　本书研究的技术路线

二、创新点

本书的学术创新主要体现在以下几个方面：

第一，理论视角上，将绿色金融、经济绿色化和高质量发展纳入同一分析框架，考察绿色金融对经济绿色化、高质量发展的影响程度和影响机制。与现有文献相比，本研究成果在理论上具有一定的创新性。

第二，学术观点上，本研究成果从行业层面进行研究绿色金融政策对经济绿色化的影响，从省级层面考察了绿色金融发展程度对产业结构和绿色全要素生产率的影响，拓展了绿色信贷研究的领域。通过规范的定量研究得到可信的研究结论，在学术观点上具有一定的创新性。

第三，研究方法上，分别采用 DID、PSM-DID、差分 GMM、系统 GMM、空间计量经济模型，以及中介效应模型等方法，综合识别绿色信贷政策对绿色信贷规模、碳排放、产业结构升级和绿色全要素生产率等的因果关系，为政策制定提供经验证据。通过因果识别方法探寻经济社会中变量之间的因果关系，研究方法的运用上有一定的创新。

第二章 文献综述

第一节 绿色金融

一、绿色金融的提出及其内涵

在20世纪70年代，德国由于受工业化的影响，环境问题日益严峻，于是德国成立了第一家专门为环境保护提供优惠贷款的政策性银行，并命名为生态银行（曹信孚，1989）。随后，波兰于1991年也成立了环保银行（张陆伟，2007）。进入21世纪初，银行业的绿色金融发展步入加速期。2002年世界银行下属的国际金融公司与荷兰的几家大银行提出了银行业的环境社会责任。2003年花旗银行等10余家大型国际银行共同创立了银行信贷的“赤道原则”（叶琪和易小丽，2017）。

绿色金融在银行业的发展，催生了国际组织和政府在绿色金融方面的实践（见表2-1）。在1980年的联合国大会上，首先公开提出“绿色”概念，旨在构建生态的工业体系，促进经济的可持续增长。在1987年的世界环境与发展委员会上发布了《我们共同的未来》，其中强调运用金融手段实现可持续发展绿色，标志着绿色金融的理念诞生，但是绿色金融的概念还是没有提出来。到1992年的里约环境会议，联合国环境署发布了《联合国气候变化框架公约》，标志着绿色金融的诞生，并进入大众的视野，提出了“共同但有区别的责任”原则，并要求各国通过绿色金融来实现。之后，在1995年的联合国环境署发布的《保险业关于环境和可持续发展的声明书》中，将绿色金融的理论延伸到绿色保险领域；在1997年联合国的《京都议定书》中，提出碳金融和碳交易等概念；1999~2001年，道琼斯指数等证券指数公司分别提出绿色债券、绿色股票方面的指数，旨在关注上市公司的环保情况，绿色债券、绿色股票开始发展；2002 年，世界银行下属的国际金融公司提出银行业绿色信贷的“赤道原则”，全球 70 余家金融机构采纳赤道原则；2006 年，联合国责任投资原则组织（UNPRI）提出并实施绿色基金；2009 年，联合国气候变化大会发布《哥本哈根协议》，提出气候金融的概念；2015 年，联合国气候变化大会发布《巴黎协定》，提出发达国家与发展中国家一起，通过绿色金融支持减排和应对气候变化；2016 年，G20 杭州峰会绿色金融研究小组的《二十国集团绿色金融综合报告》，强调通过扩大绿色投融资来支持全球的环境可持续发展。

表 2－1　　绿色金融的发展历程

时间	主要机构或文件	绿色金融的发展
1980 年	联合国大会	提出了绿色发展的理念，暂未提出绿色金融的概念
1987 年	世界环境与发展委员会《我们共同的未来》	旨在运用金融手段实现可持续发展绿色，绿色金融的理念诞生
1992 年	联合国环境署里约环境会议《联合国气候变化框架公约》	绿色金融进行大众视野，通过绿色金融承担“共同但有区别的责任”
1995 年	联合国环境署《保险业关于环境和可持续发展的声明书》	绿色金融延伸到绿色保险领域
1997 年	联合国《京都议定书》	提出并实施碳金融和碳交易
1999～2001 年	道琼斯等指数公司分别提出绿色债券、绿色股票方面的指数	关注上市公司的环保情况，绿色债券、绿色股票开始发展
2002 年	世界银行下属的国际金融公司	提出银行业绿色信贷的“赤道原则”、全球 70 余家金融机构采纳赤道原则
2006 年	联合国责任投资原则组织（UNPRI）	提出并实施绿色基金
2009 年	联合国气候变化大会《哥本哈根协议》	气候金融的概念产生
2015 年	联合国气候变化大会《巴黎协定》	发达国家与发展中国家一起，通过绿色金融支持减排和应对气候变化
2016 年	G20 杭州峰会绿色金融研究小组《二十国集团绿色金融综合报告》	通过扩大绿色投融资来支持全球的环境可持续发展

资料来源：由作者根据相关资料整理得到。

针对一个新的研究问题，学术研究总是相对滞后的，对于绿色金融的学术研究，也不例外。20 世纪 80 年代，绿色金融已在银行和国际组织之间开始得到发展，但针对绿色金融的学术研究，相对比较滞后。在国外的文献中，与绿色金融相关的概念，最早是由费尔德曼和亚当斯（Feldman and Adams，1990）提出的——环境金融。随后，费尔德曼和克纳普（Feldman and Knapp，1991）从企业层面分析了参与环境金融的模式。怀特（White，1996）提出了环境问题导致环境融资方面的问题，并从公司金融、投资和金融机构三个方面提出应对环境威胁和机遇的方案。萨拉查（Salazar，1998）认为在应对环境问题时，绿色金融可以作为金融产业与环境产业的桥梁，寻求环境金融创新。考恩（Cowan，1999）强调应实现绿色经济与金融的交叉融合，发挥绿色金融在发展绿色经济过程中的资金融通功能。除了环境金融的概念，还有可持续发展金融的概念，最早由特尔森（Feitelson，1992）提出，认为可持续发展金融相对排污费和排放许可证等控制污染排放手段，具有成本更低、易操作性等优势，应多创新可持续的融资工具。麦克尼利（McNeely，1997）针对保护区的小小企业面对环境保护的压力及其融资难度非常大，提出通过可持续发展金融，来满足保护区的企业融资问题。梅耶尔（Meyer，1997）针对公众与环境非政府组织建设的伙伴关系组织——国家环境基金（NEF）的发起及其在进行环境融资方面的行为，提出可持续发展金融在环境保护中的具体策略。忽必烈（Kublicki，1993）是最早在文献中使用绿色金融概念的学者，他认为发展绿色金融，可以解决在环境领域的债务问题。考撒-艾德等（Kaosa-ard et al.，1995）在研究泰国的 Khao Yai 国家公园的资产估值和融资问题时，提出可以采用绿色金融的手段来进行评估。

进入 21 世纪，有关环境金融、可持续发展金融和绿色金融的研究越来越多，而且出现几个概念混用的趋势，并且重点讨论绿色金融的内涵。2000 年，在《美国传统词典（第四版）》中，将绿色金融作为环境经济学的重要组成部分，并认为绿色金融是研究如何通过金融创新来保护环境和生物多样性。拉巴特（Labatt，2002）、拉巴特和怀特（Labatt and White，2003）将绿色金融定义为提高环境质量、转移环境风险的金融工具。吉尔肯（Jeucken，2006）认为绿色金融应该是以金融机构为主体，推进金融业绿色发展为目标的金融工具。国内学者对绿色金融的内涵也进行了一些有益的搜索，可以归纳为以下三种观点：第一，绿色金融即为绿色信贷，指金融业通过信贷政策等措施，在环境保护领域给予一定的贷款投量、期限及利率等多方面优惠政策（和秀星，1998；王军华，2000）。第二，绿色金融是一种金融运营战略，金融部门把环境保护作为开展金融业务的重要原则，通过金融工具创新来实现可持续发展目标，从而促进经济与生态环境的协调发展（高建良，1998）。第三，绿色金融是金融工具的创新和运用，将环境经济政策运用到金融和资本市场领域，通过绿色信贷、绿色保险等金融工具实现绿色发展（潘岳，2007）。

二、绿色金融的相关研究

（一）绿色金融的分类

随着绿色金融的发展，特别是深入金融领域的各分支领域，派生出若干绿色金融的类型。

1. 绿色信贷

银行业采纳赤道原则后，绿色信贷便得到快速发展。具体来说，绿色信贷是指金融机构根据赤道原则，在提供贷款融资时需要充分考虑贷款项目或者企业的环境问题和社会影响，通过金融工具实现减少污染、降低能耗，支持新能源和环保产业发展，实现经济社会的可持续发展（蒋先玲和张庆波，2017）。美国的银行体系通过绿色信贷政策促进新能源产业的发展，通过绿色信贷政策，让美国的新能源产业得到较快的发展（纪霞，2016）。在20世纪70年代的石油危机后，日本制定了一系列扶持节能环境和新能源开发的绿色信贷政策，促进了日本的可持续发展（常杪等，2008）。德国是最早通过建立生态银行来实行绿色信贷的国家，在政府的支持下，赤道原则成为德国商业银行遵循的重要信贷准则（李华友等，2010）。

2. 绿色债券

绿色债券作为绿色证券一种，是指通过发行债券来支持符合绿色项目的融资手段。由于环境保护项目的融资相对较难，一般的金融工具不会为环境保护项目提供融资，只有发行专门的绿色债券，才能支持绿色项目的实现，这种绿色项目主要包括生物多样性保护项目、减缓资源枯竭项目、维持气候稳定和加强环境治理项目等（詹小颖，2016）。

根据世界各国的绿色债券发行特征，债券主要有三种类型（王遥和徐楠，2016）：第一类，零息债券。该类债券由政府提供担保，对环境保护类企业起孵化器的作用，可以让企业在初期没有收益的情况下，开展环境保护的工作。第二类，常规抵押债券。该债券的服务对象一般为新能源公司，这类公司可以通过出售新能源来获得较为稳定的现金流，所以可以申请常规抵押债券。第三类，指数关联债券。该债券一般与碳排放目标、碳交易价格等有关。通过指数完成情况以及与碳排放价格等关联，作为发行债券的依据，支持这些企业得到不断发展和壮大。

绿色债券的推行不仅需要政府税收补贴、银行贴息等方面的直接支持，而且还需要引导性的政策，让大型机构的投资者进入绿色债券市场，从而拉动更多小额投资者跟进。

3. 绿色基金

绿色基金也是绿色证券的一种，又称为绿色投资基金。根据社会责任投资（SRI）的要求，企业发行基金不仅要获得经济收益，还需要实现经济的可持续发展。由于不同国家的金融体系不同，绿色基金的具体形式也不尽相同。日本的绿色基金发行主体是以企业为主，而欧洲和美国的绿色基金发行主体是机构投资者（安国俊，2016）。根据分析发达国家发行的绿色基金，可以得到绿色基金的主要特征：第一，广泛的资金来源；第二，投资对象多样化；第三，收益形式的特殊性；第四，绿色基金具有完善的投资策略（纪霞，2016）。

除了上述三类绿色金融之外，从发达国家绿色金融的发展来看，还存在以政府为主的一些绿色金融模式：第一，政府引导基金。政府以企业生命周期理论为基础，在初创时期给予政府引导基金，让企业可以规避投资风险，从而大胆地开展环境保护业务。第二，政府担保。这是一种常用的支持企业开展绿色项目的手段。由于环境保护项目的投资收益慢，企业得到商业贷款的难度大，政府通过提供担保，可以提高企业在初创期的金融可得性。第三，政府补贴。为了促进绿色经济发展，很多国家都向企业提供多种形式的补贴，减轻环境保护企业的资金压力。

（二）绿色金融的测度问题

绿色金融的出现时间并不长，根据其测度方法的研究也并不多。对比分析国内外的绿色金融测度和评价，可以归纳为以下三类：

第一，基于宏观角度的绿色金融测度。吉尔肯（Jeucken，2001）利用金融机构的绿色金融服务数据测算了绿色金融发展水平，并对亚太、北美和欧洲等地区的大型银行绿色金融发展水平进行综合评价，为银行业指明绿色金融业务发展方向。策莉和伍德（Cleene and Wood，2004）通过五个非洲国家的金融机构测算绿色金融发展水平。2007 年经合组织（OECD）利用东欧、高加索和中亚地区 12 个国家宏观统计数据和环境数据，测算了 12 个国家 2000 年和 2005 年的绿色金融发展水平。在我国，部分学者也探讨了绿色金融发展水平。杜莉和韩丽娜（2010）认为绿色金融应涵盖绿色金融资金的产业政策、财政政策和货币政策，以及相应的金融制度政策等政府宏观层面。孙铁颋和李琳（2011）从金融部门的绿色评估考核机制，金融机构在环境规制下承担的环境社会风险责任，以及金融部门的金融产品创新三个方面来测度绿色金融。杜莉和张鑫（2012）从绿色金融发展的金融制度，绿色金融的参与金融机构，绿色金融市场，绿色金融工具创新和绿色金融监管调控五个方面进行测度。马骏（2015）则从绿色金融的机构建设，绿色金融的政策支持，绿色金融的基础设施和绿色金融的法律基础四个方面明确测度绿色金融发展的思路。

第二，基于微观视角的绿色金融测度。斯特里特和莫纳亨（Street and Monaghan，2001）以银行业为基础，分别从绿色金融的营业网点、电子设备、虚拟银行等服务渠道对商业银行的绿色绩效进行评价。史高顿等（Scholtens et al.，2006）从企业的社会声誉和社会责任感等方面对 51 家实行“赤道原则”的金融机构进行了绿色金融发展水平的测度。一些国际金融机构也参与银行业的绿色金融测度。2014 年，世界自然基金会（WWF）、中国银监会（CBRC）和普华永道会计师事务所（PWC）分别对花旗银行等 10 家国际银行和中国工商银行等 12 家中国银行发放问卷，测度它们的绿色金融发展水平（陈万铭，2007）。碳信息披露组织（CDP）对全球超过 5000 家大公司发放问卷，调查其公开披露温室气体排放相关的数据，并对其绿色金融措施进行估计（李大元，2016）。于晓刚（2010）利用上市银行的社会责任报告等公开信息，采用定性分析方法对 14 家国内商业银行和 3 家外资“赤道”银行的绿色金融发展状况进行分析。中华人民共和国环境保护部环境与经济政策研究中心（2010）在对我国 50 家中资银行的绿色信贷相关信息进行评估的基础上，发布了中国银行业的绿色信贷报告。曾学文等（2014）分析了我国自 2010 年以来，银行业对“两高一剩”限制信贷的政策效果，评估了我国的绿色金融发展水平。连莉莉（2015）基于绿色信贷能够显著降低企业的债务融资成本，从而采用绿色信贷来衡量绿色金融发展水平。危平和舒浩（2018）基于 22 只绿色基金，从供给端来测度绿色金融发展水平。

第三，微观和宏观相结合的测算方法。李和胡（Li and Hu，2014）与克拉克等（Clark et al.，2018）采用一个国家采纳赤道原则的银行数量与比例，以及金融机构发放绿色信贷的金额来衡量一个国家的绿色金融发展水平。黄建欢等（2014）与王晓岭（2016）在针对中国的研究时，采用各省环境污染治理投资的资金中来自银行贷款的比重衡量相应省份的绿色金融发展水平。宁伟和佘金花（2014）与何凌云等（2018）采用所有金融机构的绿色信贷余额，以及绿色信贷比例衡量绿色金融发展水平。

（三）绿色金融的相关研究

随着各国对绿色金融的关注，学术界开始从多角度对绿色金融展开研究。下面主要从政策、金融机构、企业和个人等几个方面对现有文献进行分析。

第一，绿色金融要求金融机构采纳“赤道原则”，对环境保护类项目进行绿色信贷。沙米等（Chami et al.，2002）的研究发现，金融机构采纳“赤道原则”，可以提高其在金融业内的声誉，也可以更好地进行风险控制，促进企业的长远发展。吉尔肯（Jeucken，2006）认为金融机构是实现经济与金融可持续发展的关键因素，发展绿色金融是金融机构实现可持续发展的重要途径。史高顿等（Scholtens et al.，2006）对比分析了采纳“赤道原则”和未采纳“赤道原则”的金融机构，研究发现采纳“赤道原则”的金融机构具有更好的社会声誉和更强的社会责任感。根据国际金融公司（IFC）2007年的调查，金融机构实行“赤道原则”和“社会责任投资原则”后，一部分金融机构会增加短期运营成本，其财务绩效也会短期下降。然而，加莱纳等（Galema et al.，2008）利用金融机构的样本实证研究发现，实行“赤道原则”和“社会责任投资原则”并不影响其长期收益和长期风险状况。赖特（Wright，2012）的研究发现，在“赤道原则”框架下，一些金融机构在提供重大环境和社会成本的环境保护项目贷款时，通过金融机构和利益相关者之间的沟通来促使项目顺利进行，但这些项目对外缺乏透明度和问责制。

由于国内绿色金融发展起步较晚，相关研究主要集中在商业银行绿色信贷业务方面。何德旭和张雪兰（2007）对银行业推进绿色信贷政策展开研究，发现构建绿色信贷激励机制，可以打破地方保护主义的障碍，促进地区之间的环境保护项目的开展。张秀生和李子明（2009）的研究发现，在实行绿色信贷政策时，由于环境信息的不对称，环境监管难，地方考核体系的不合理，导致一些地方的金融机构推进绿色信贷的积极性不高，绿色信贷执行效应低。麦均洪和徐枫（2015）利用联合分析法研究金融机构实行绿色信贷的影响因素时，发现金融机构实施绿色金融的积极性不高，企业的还款能力依然是金融机构考虑的首要因素。

第二，绿色金融对企业的影响研究。科塔萨尔等（Cortazar et al.，1998）在研究企业的环境投资决策时，发现产品的价格波动较大的企业，更趋向于提高环境保护技术来提高产品的环境技术含量，更希望得到市场的认可。格雷厄姆等（Graham et al.，2001）研究企业发行债券时发现，如果引进环境风险因子后，对企业的债券信用评级具有负向影响。叶勇飞（2008）评估中国的商业银行实施绿色信贷政策时发现，一些高污染企业通过非正规金融手段来规避绿色信贷的制约作用。唐等（Tang et al.，2012）在研究欧洲、澳大利亚和新泽西州等地区的可再生能源企业的碳收入债券时，发行 10 年期的碳收入债券对可再生能源生产企业带来更为充足的资金。杨熠等（2011）利用中国 502 家污染企业的上市公司数据构建了每个公司的环境信息披露指数，并研究影响因素时发现，第一大股东持股比例、国有股权、是否设立环境部门和审计委员会对环境信息披露指数具有正向影响。胡春生等（2013）利用博弈论方法研究金融机构和企业之间的博弈关系，结果发现，公司通过绿色转型，可以实现生态环境的帕累托改进。苏冬蔚和连莉莉（2018）以 2012 年的《绿色信贷指引》作为准自然实验的外生冲击，考察绿色信贷政策对重污染企业投融资行为的影响，发现重污染企业的债务呈现显著下降趋势，而且国有大型企业的降幅更大。

第三，绿色金融对经济社会的影响。绿色金融对经济社会的影响主要表现为以下几个方面：首先，作为绿色金融的主要类型，绿色信贷对产业结构具有较为直接的影响。陈伟光和胡当（2011）较早对绿色信贷对产业升级的作用机理进行系统研究，并通过数据实证分析了绿色信贷的产业升级效应。徐胜等（2018）利用灰色关联分析法分析了 2004～2015 年 31 个省份的绿色信贷对产业结构升级的影响机理，结果发现，绿色信贷通过影响企业的资本形成和与融资渠道影响产业结构。裴育等（2018）以浙江省湖州市的微观企业数据为基础，利用 PVAR 模型考察绿色信贷投入对绿色产业和地区经济增长的影响，结果显示绿色信贷投入显著促进了绿色产业发展和地区经济增长。李毓等（2020）基于省级面板数据，将绿色信贷作为外生政策冲击，发现绿色信贷显著促进了产业结构升级。其次，绿色金融对经济增长的影响。在裴育等（2018）的研究中，首次验证了绿色金融的发展促进了地区经济增长。谢婷婷和刘锦华（2019）将绿色全要素生产率作为绿色经济增长质量指标，发现绿色信贷显著促进了绿色经济增长。周倪波（2020）的研究发现绿色信贷可以促进经济增长方式的转变。刘海英等（2020）从绿色低碳技术进步的角度发现绿色信贷促进了经济的可持续增长。

第二节 经济绿色化

经济绿色化的概念是在生态经济、绿色经济等概念提出之后，为了实现经济的可持续发展，而要求经济活动注意环境问题，以绿色发展的理念指导经济活动，最终让经济活动绿色化的过程。从内涵上分析，绿色经济是发展目标，而经济绿色化是发展过程，只有在经济活动过程中绿色化，才能最终实现绿色经济。

一、经济绿色化的提出及其发展

在资源短缺和环境问题日益严峻的 20 世纪 60 年代，由博尔丁（Boulding，1966）提出生态经济的概念。其后，德罗姆和梅多斯（de Rome and Meadows，1972）在《增长的极限》中将生态经济作为解决资源短缺和环境污染的最好方式。到 1989 年，皮尔斯等（Pearce et al.，1989）在《绿色经济蓝图》一书中，提出了绿色经济的概念，并认为在发展经济的过程中，需要充分考虑人与自然环境的关系，需要立足于社会、人口和自然生态，构建一种“可承受”的绿色经济发展模式。联合国环境规划署（UNEP，2008）将绿色经济作为降低环境风险、缓解生态稀缺性的一种生产方式，通过发展绿色经济，可以实现人类福祉和社会公平的提高。

在现有英文文献中，绿色经济与经济绿色化是同一个词，因此并没有对两者的内涵进行严格的区分。在中文文献中，经济绿色化这个概念最早是由李树（2002）在研究绿色经济与绿色财政政策时提出的。之后，从经济绿色化的制度因素（高宏伟，2004），从低碳化与信息化角度研究了经济绿色化发展的路径（闵惜琳和张启人，2013），从绿色资本角度分析中国经济绿化的路径（韩倩倩，2015）。郭建伟（2015）、钟永飞和孙慧（2017）均以新疆为例，分别从金融视角和成本收益视角提出改进经济绿色化的思路。

二、绿色经济的研究进展

绿色经济无疑是当前最热门的研究对象。从国内外的研究现状来看，针对绿色经济的研究主要集中于三个方面。

（一）绿色经济核算

2003 年，联合国出版了《综合环境经济核算体系》（SEEA2003），标志着绿色经济核算正式开启。主要将经济发展过程中的资源消耗成本、环境保护成本和环境退化成本作为国民经济核算的代价损失项进行扣除，得到真实经济水平和持续发展程度（许宪春，2010）。2011 年，联合国环境署发布《迈向绿色经济——实现可持续发展和消除贫困的各种途径》，作为绿色经济首份重量级的报告，对绿色经济的内涵和路径进行详细的分析。在 SEEA2003 和联合国环境署的共同推动下，特别是在后来修正的 SEEA2012 版本指导下，我国开始对绿色经济的核算进行了有益的探索：从 2008 年起，北京师范大学就组织专家编制《中国绿色发展指数年度报告》，对我国 31 个省份（不含港澳台）的绿色经济发展水平，以及 270 余个地级市的绿色经济发展水平进行综合评估，并撰写年度报告，这一工作持续到 2013 年（季铸等，2010，2012；北京师范大学科学发展观与经济可持续发展研究基地，2012）。向书坚和郑瑞坤（2013）将绿色经济发展分为绿色生产、绿色消费和生态健康三个二级指标，并建立了绿色投入与产出，消费水平、结构和效果，生态破坏、“疾病”以及修复八个三级指数，以及若干四级指标，对我国 2006 ~ 2010 年的绿色经济发展指数进行测算和分析。杨文举（2015）在索洛模型的基础上，扩展形成中国地区工业绿色经济增长的核算方法。

（二）绿色经济效率

绿色经济效率的相关研究主要从绿色经济效率的测算和影响因素两个方面展开。绿色经济效率的测算，主要采用 DEA 的方法，以及从 DEA 延伸出来的相关效率测算方法，其主要思路是将环境污染或者环境损失作为非期望产出，将原来的产出分为期望产出和非期望产出，进行 DEA 效率测算。汪克亮等（2013）在异质性生产技术条件下测算我国 31 个地区的绿色经济效率。杨龙和胡晓珍（2010）、钱争鸣和刘晓晨（2013，2014）利用 DEA 测算我国各个地区的绿色经济效率，并考察了地区之间的差异和收敛情况。在影响因素方面，林伯强和谭睿鹏（2019）从集聚经济视角，胡绪华和陈默（2020）从生产性服务业集聚角度分别对绿色经济效率的影响进行了系统研究；聂玉立和温湖炜（2015）针对我国地级市的绿色经济效率进行了测算；徐盈之和顾沛（2019）对制造业价值链攀升提升绿色经济效率进行了研究；钱争鸣和刘晓晨（2015）、宋德勇等（2017）、弓媛媛（2018）考察了环境管制与绿色经济效率之间的因果关系；侯纯光等（2017）、胡安军等（2018）分别从科技创新和科技投入视角考察对绿色经济的因果影响。

（三）绿色经济增长

关于绿色经济增长的相关研究，主要以影响绿色经济增长的因素为主。对现有文献的研究可以归纳为以下几个方面：第一，从能源环境角度考察对绿色经济增长的影响（杨万平，2011；刘加林，2013；王兵和刘光天，2015；李江龙和徐斌，2018）。第二，从产业结构、地区开放、投资与消费等宏观因素考察对绿色经济增长的影响（孙瑾等，2014；于成学和葛仁东，2016；武建新和胡建辉，2018）。第三，从人力资本、技术进步、技术引进等角度分析对绿色经济增长的影响（杨文举，2015；张德茗和白秀艳，2016；冯志军等，2016；杨万平等，2020；周彩云和葛星，2020）。第四，从金融约束、金融集聚、绿色信贷等角度考察对绿色经济增长的影响（王锋等，2017；曹鸿英和余敬德，2018；董晓红和富勇，2018；谢婷婷和刘锦华，2019）。

第三节　经济高质量发展

经济高质量发展的概念，是我国在面对新常态的经济形势和环境质量提升需要时提出的，但是关于经济质量的相关研究由来已久。

一、经济高质量发展的提出及其发展

经济增长质量一词最早由苏联经济学家卡马·耶夫（1983）提出，他认为经济增长不仅包括生产资料数量的增多、产量的增加等经济增长速度问题，还包括产品质量和生产效率的提升等经济增长质量问题。在 1997 年多恩布什

与费希尔编写的《宏观经济学》中，也将经济增长划分为速度与质量两个方面加以分析。但是国外并没有经济高质量发展这个概念，经济高质量发展这一概念是中国提出并发展的。随后，有较多学者从不同角度对经济增长质量加以认证。托马斯（2001）从社会福利视角将经济高质量增长的因素划分为人力资本、自然资本和物质资本。马丁内斯和姆拉奇拉（Martinez and Mlachila，2013）将经济高质量增长定义为强有力、可持续、稳定的增长，并分析了非洲撒哈拉以南地区的高增长情况。姆拉奇拉等（Mlachila et al.，2017）通过对发展中国家的研究发现，高质量增长是高增长、可持续和社会友好型增长。

随着中国经济的增长速度放缓，我国开始重视对经济增长质量的发展。党的十九大报告指出，我国经济已由高速增长阶段转向高质量发展阶段。经济高质量发展的提出，标志着我国经济从追求增长速度转向追求增长质量。从2017年开始，我国学者开始对经济高质量发展进行了广泛研究。以“经济高质量发展”为关键词，查阅“中国知网期刊数据库”发现，2017年有38篇，2018年有830篇，2019年达到1235篇。其中，选择CSSCI数据库的文献，2017年有5篇，2018年有96篇，2019年有168篇。不管是从总的发文量，还是从CSSCI期刊收录的发文量，经济高质量发展受到学术界的空前关注，形成了系列研究成果。

二、经济高质量发展的研究进展

（一）经济高质量发展的内涵

国外并没有针对高质量发展的具体研究，但是国外针对经济发展的研究可以作为高质量发展的基础。从2017年经济高质量发展提出之后，我国学者开始探索测算经济高质量发展的方法。首先，针对经济高质量发展的内涵和特征进行了广泛的讨论。郑新立（2017）将经济高质量发展理解为科技进步、管理水平提升和劳动者素质提升的集约型增长方式；林兆木（2018）、杨伟民（2018）从我国主要矛盾出发，认为经济高质量发展是满足人民日益增长的美好生活期望的发展；任保平和文丰安（2018）认为经济高质量发展是创新、协调、绿色和共享四个方面共同发展的具体体现，是人与自然和谐共处的高度总结；任保平和李禹墨（2018）从产业结构的高级化和合理化、创新动力等方面定义经济高质量发展。

（二）经济高质量发展的测算

联合国开发署于1990年构建人类发展指数来衡量一个国家居民生活质量，进而判断一个国家的经济发展水平，人类发展指数的测算为我国经济高质量发展提供了最早的参考。在2000年的联合国千年峰会上通过了千年发展目标，在这个千年发展目标中，将人类生活质量的提升作为主要内容，千年发展目标的指标体系为衡量经济高质量发展提供可以参考的平台。我国学者在人类发展指数和千年发展目标的基础上，结合经济高质量发展的具体内涵，对经济高质量发展的测度进行了广泛的研究：魏敏和李书昊（2018）从经济结构、创新驱动、资源配置、市场机制、增长稳定、区域协调、产品服务、基础设施、生态文明、经济成果10个方面，利用熵权TOPSIS对经济高质量发展进行测度。师博和张冰瑶（2019）基于“创新、协调、绿色、开放、共享”五大发展理论，从发展的基本面、社会成果和生态成果三个维度测算了我国地级城市的经济高质量发展水平。史丹和李鹏（2019）也从五大发展理论出发对我国经济高质量进行测度，并将测算结果与其他发达国家进行对比。师博和韩雪莹（2020）从发展的基本面和社会、生态成果三个方面测算我国实体经济的高质量发展水平，并分析了2004~2017年的具体特征。吴志军和梁晴（2020）在指标体系构建的基础上，采用熵权法和系统聚类等综合评估我国经济高质量发展水平及其空间分布特征。

（三）经济高质量发展的影响分析

寻找到促进我国经济高质量发展的具体路径，需要首先对高质量发展的影响因素进行研究。研究高质量发展影响因素的文献可以归纳为以下几类。第一，由于我国独特的财政体制，出现了中国式的财政分权。高培勇等（2019）从现代化经济体系建设角度分析了如何实现高质量发展；杨志安和邱国庆（2019）从财政分权、储德银和费冒盛（2020）从财政失衡和土地财政、孙开和沈安媛（2020）从横向财政失衡和空间效应等角度考察了对高质量发展的影响。第二，创新作为经济增长动力之一，学者们也认为是驱动经济高质量发展的主要动力。刘思明等（2019）测算了我国的国家创新驱动力，并分析与高质量发展之间的关系；赵丽霞和阿拉腾额古乐（2019）、李光龙和范贤贤（2019）、蓝乐琴和黄让（2019）均从科技创新角度考察对高质量发展的影响。第三，环境质量改善是高质量发展的重要方面，从环境、生态等角度讨论高质量发展。陈诗一等（2018）从雾霾污染和社会治理角度考察了对高质量发展的影响机制；王群勇和陆凤芝（2018）、涂正革等（2019）分别利用省级环境污染数据和工业行业污染数据分析了与经济高质量发展的关系。第四，随着数字经济发展，学者开始分析数字经济对高质量发展的影响（丁志帆，2020；师博，2020；郭晗，2020；李辉，2020），数字经济延伸了人工智能、区块链、大数据的发展，学者们也对人工智能、区块链、大数据与经济高质量之间的关系进行了讨论（林宏伟和邵培基，1999；罗以洪，2019；渠慎宁，2020；师博，2020）。

第四节 文献述评

从文献可以看出，绿色金融、经济绿色化和经济高质量发展均是研究的热点问题。但是目前研究中，还存在诸多不足：

第一，针对绿色金融与经济绿色化的研究，谢婷婷和刘锦华（2019）的研究主要考察绿色金融与绿色经济增长之间的关系。但是，事实上，经济绿色化的内容非常丰富，除了绿色经济增长，还有经济低碳化、污染减排、环境治理等问题。在本研究中，主要从经济低碳化和绿色信贷规模两个角度对绿色金融进行了深入分析。

第二，针对绿色金融与高质量发展，田惠敏（2018）、傅京燕和刘映萍（2019）对此问题进行了一些有益的探索。但是主要基于定性研究，针对此问题的定量研究较少，目前还缺少利用计量经济模型进行规范的研究。本研究正是基本此目的，从绿色金融与产业结构升级、绿色全要素生产率两个角度分析绿色金融如何实现经济高质量发展。

第三，已有研究还缺少系统地将绿色金融、经济绿色化与高质量发展放在同一个框架内进行。本书将绿色金融、经济绿色化和高质量发展三个问题纳入同一分析框架，系统分析了三个问题的研究历程及其发展，并重点讨论绿色金融如何实现经济绿色化和高质量发展。

第三章　我国绿色金融发展的政策与实践

第一节　绿色信贷

绿色信贷包括以下两方面含义：一是鼓励金融机构对绿色产业项目发放贷款，在风险一定的基础上，着重给予金融服务等方面的优惠；二是对于高污染等非绿色项目，金融机构要限制其贷款额度，并给予一定程度的惩罚；对于破产淘汰的项目，对其的贷款要予以收回。

一、绿色信贷的相关政策

我国从2007年起出台绿色信贷的政策。表3－1为2007年至今我国绿色信贷的相关政策。在我国一系列的绿色信贷政策中，最为重要的是2007年和2012年的两项政策。2007年中国首次提出绿色信贷的概念，而2012年的《绿色信贷指引》则标志着中国绿色信贷政策进入实操，真正开始指导实施。

表3－1　　我国绿色信贷的政策体系

时间	政策名称	主要内容
2007年	《关于落实环保政策法规防范信贷风险的意见》	通过金融机构与环保部门相结合，不仅可以防范信贷风险，而且可以促进防污减排
2012年	《绿色信贷指引》	确定了中国绿色信贷政策体系的框架，为境内所有银行业金融机构发展绿色信贷奠定基础
2013年	《绿色信贷统计制度》	重点强调金融机构要统计涉及对环境造成威胁的相关项目的企业贷款以及相关服务
2014年	《绿色信贷实施情况关键评价指标》	各金融机构按照规定标准来开展自我评价等工作。还可以对银行业协会关于制定评价体系提出宝贵意见，努力做好风险管理业务

续表

时间	政策名称	主要内容
2017 年	《中国银行业绿色银行评价实施方案（试行）》	标志着中国将要实施绿色银行评价，自此，在绿色银行评价方面形成了一整套规范的体系
2018 年	《绿色贷款专项统计制度》	从用途、行业、质量等方面统计有关绿色项目的贷款以及服务
2018 年 9 月	《开展银行存款类金融机构绿色信贷业绩评价》	通过定量与定性指标对金融机构进行评价，并将评价指标结果作为银行等宏观审慎进行考核

资料来源：作者整理得到。

二、绿色信贷的发展现状

2007 年国家出台有关绿色信贷的政策，意味着中国将要通过绿色信贷来达到节能减排的目的。从具体执行的角度来看，绿色信贷主要使银行等金融机构按照国家环保政策标准，对环境有利的绿色产业项目给予优惠待遇，而对高耗能、高污染企业在额度以及资金投向方面进行贷款限制并采取惩罚措施。因此，国家或地方政府旨在通过信贷政策，将更多的资金流入节能减排等项目中，并将那些高污染、高排放项目逐渐剥离出来，以此达到节能减排、转变经济增长方式的目的。

（一）绿色信贷发展历程

中国绿色信贷政策发展历经了萌芽起源、实践探索、体系完善三个阶段。随着国家实施的政策逐步完善以及监管体系的逐渐健全，中国绿色信贷的发展逐渐走向成熟（迟震，2019）。

1. 萌芽起源阶段（1978～2006 年）

1978 年，中国绿色信贷政策开始进入萌芽起源阶段。1981 年，国家强调在国民经济调整的过程中要重视环境保护。1984 年，国务院规定了环境保护所需资金的来源渠道，并让金融机构给环境保护的项目提供贷款优惠。1995 年，人民银行、环保部门都指出要通过信贷行为来达到环保的目的，在国家环保政策的支持下，推进绿色信贷发展。因此，这段时间为绿色信贷萌芽起源阶段。

2. 实践探索阶段（2007～2011 年）

2001 年，中国意识到环境状况正在恶化，一味地追求经济发展已不符合时代的要求。要想中国经济保持可持续发展，必须要对环境保护予以重视。2007 年，中国首次正式提出绿色信贷的概念。关于金融机构审批的贷款，要着重关注企业所从事的项目是否对环境造成威胁，加强信贷审批以及贷后监督的管理。从具体实施细节来看，对已经贷放给“两高一剩”行业的贷款，要予以收回，并停止项目的授信。2009 年，金融监管部门表示要让金融服务于重点产业，抑制或者减少对产能过剩行业的支持。我国绿色信贷的发展必须依赖金融机构的支持才能稳步发展。

3. 体系完善阶段（2012 年至今）

2011 年，中国出台了节能减排、环境保护等宏观政策，而绿色信贷的发展将会面临新的机遇。2012 年，金融监管部门颁布了《绿色信贷指引》，积极响应绿色经济发展理念，在信贷业务开展活动中，对环境面临的风险进行识别、计量以及检测与控制。2013 ~ 2014 年，金融监管部门发布了绿色信贷具体实施细则，金融机构要统计节能环保行业以及对环境造成重大危害的行业贷款，并将企业的具体相关指标以及绿色信贷项目开展情况进程报送金融监管部门。

2016 年，中国人民银行为进一步发展绿色信贷，构建绿色金融体系，积极倡导金融机构创新金融工具，为绿色金融发展提供源源不断的动力。标志着中国始终要贯穿绿色金融的理念，开始建立以绿色信贷为中心的绿色金融体系。2017 年，银行业协会制定了绿色信贷评价体系，并将评价结果作为银行业评级时的参考依据。2018 年，人民银行发布关于绿色贷款统计以及绿色信贷评级等通知，明确金融机构要建立考核体系，定期开展评价，并将评价结果纳入宏观审慎。因此，把绿色信贷逐渐的纳入监管体系，大力鼓励金融机构发展绿色信贷。

（二）绿色信贷规模

图 3 - 1 表明中国 21 家主要商业银行在 2013 ~ 2018 年的绿色信贷余额呈连年增加的趋势，而绿色信贷在贷款总额的占比呈整体下降的趋势，维持在 9% 上下。总体而言，中国商业银行绿色信贷的规模仍需进一步发展。

（三）五大商业银行绿色信贷

近些年来，银行等金融机构推进绿色金融发展的方式主要有调整绿色信贷结构、推行绿色金融产品、推动绿色金融的改革等，以加快绿色金融的建

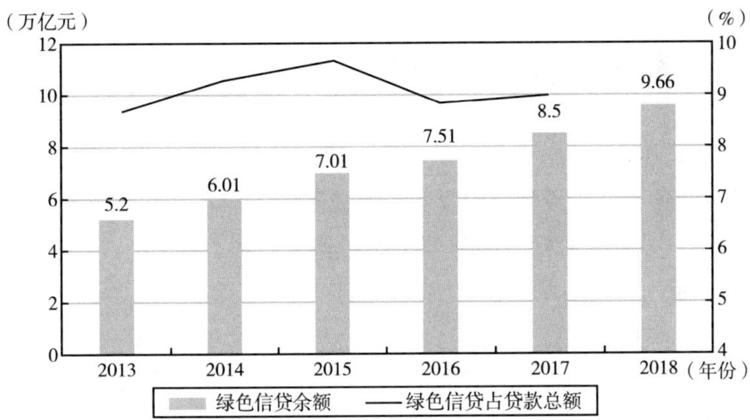

图 3－1　2013～2018 年 21 家主要商业银行的绿色信贷余额

资料来源：作者整理得到。

设。尽管商业银行在绿色信贷表达形式上有所不同，但从整体上看，其绿色信贷的贷款余额占所有项目的贷款余额呈上升态势。据相关统计，绿色信贷余额在 2018 年末已超 44000 亿元（见表 3－2）。

表 3－2　　　　五大商业银行的绿色信贷统计

银行	年份	绿色信贷余额（亿元）	各项贷款总额（亿元）	占比（%）
中国工商银行	2016	9785.60	130568.46	7.49
	2017	10991.99	142334.48	7.72
	2018	12377.58	154199.05	8.03
中国建设银行	2016	8892.21	114883.55	7.74
	2017	10025.21	125744.73	7.97
	2018	10422.60	133654.30	7.80
中国农业银行	2016	6494.32	97196.39	6.68
	2017	7476.25	107206.11	6.97
	2018	10504.00	119406.85	8.80
中国银行	2016	4673.42	99733.62	4.69
	2017	5387.99	108965.58	4.94
	2018	6326.67	118192.72	5.35
交通银行	2016	2411.99	84031.66	3.07
	2017	2771.08	90382.54	2.87
	2018	2830.54	95311.71	2.97

资料来源：作者整理得到。

三、绿色信贷的主要案例

中国工商银行是在五大行中最早响应国家发布绿色信贷政策、推进绿色信贷实施的商业银行，积极响应国家实施有利于环境、节约资源等的相关政策。

2013 年，中国工商银行通过修订绿色信贷政策，将全行 85% 的公司贷款资金应用于绿色发展领域。2014 年通过制定对客户绿色信贷进行分类，比较与分析客户分类以便更好的识别。2015 年又制定了具体的信贷政策，重点关注环保等行业。2016 年，关于绿色产业的信贷指导意见实施，这促使中国工商银行密切关注绿色金融的产品以及如何实现创新。2017 年，中国工商银行绿色金融课题组研究并发布了 ESG 绿色指数的报告，中国工商银行不断挖掘与发展绿色产品及衍生品，在此领域取得了一定的突破。同年 9 月，中国工商银行将制定的绿色债券框架作为标准，让那些能源节约型、低碳环保型等行业取得投资金额，促进中国发展绿色衍生产品，进而实现对社会、对环境的承诺。2018 年，中国工商银行又出台了绿色金融的建设意见和具体实施细则，推动了绿色新兴信贷市场的发展。

（一）中国工商银行的绿色信贷风险管理措施

1. 实行全流程“一票否决制”

中国工商银行通过实行全流程“一票否决制”，旨在强调金融机构在开展绿色信贷业务过程中，要对客户的绿色信贷标识做好记录，以此作为期末考核时的依据，以便评估发放多少贷款。通过一整套完整的流程体系，使得环境保护与信贷流程相结合，让环境保护政策彻底落到实处。在信贷流程审批的过程中一旦出现问题，可以纠其到具体环节，并在贷款结论时予以考虑。

2. 制定信贷风险分类标识

中国工商银行将企业环境相关的信息纳入征信系统，将环境风险细化到每一个类别，并按照类别分别对企业采取不同的信贷管理办法。具体而言，2008 年，通过建立各种机制对客户进行动态检测；2009 年，根据行业贷款分类标准，对行业实行差别化管理；2010 年，统一制定绿色信贷政策的标准体系。

3. 实行差异化信贷政策

中国工商银行绿色信贷的执行有两方面内容：一是对高耗能、高污染行业建立特殊退出机制，逐步降低信贷额度，控制信贷投放；二是重点拓展、支持以及投向生态环保等领域，对符合上述产业及环保要求的企业给予信贷优惠。

4. 强化贷后考评机制

中国工商银行信用评估指标体系既要考虑经济效益、控制风险的成本，还要考虑社会责任。例如，在管理层的绩效考核指标中，将社会责任纳入考核指标，提高管理层对社会责任的重视；总行在分支机构绩效考核中设置绿色信贷指标，将环保的相关检测考虑在内，酌情对相关责任人执行不当并造成一定损失的予以处罚。另外，中国工商银行还不定期开展绿色信贷具体措施落实的评估活动，并为鼓励绿色信贷的执行提出具体整改方案。

（二）中国工商银行在绿色信贷实践中存在的问题

中国工商银行在国家出台相应政策要求发展绿色信贷业务以来，虽然取得部分成效，但考虑到中国绿色信贷发展晚，在具体实施过程中会出现一些问题。

1. 政策实施连续性不强

与国际先进银行相比，中国工商银行的绿色信贷政策的制定并没有建立在“赤道原则”的框架内，这与国际较为先进银行遵循的惯例是不一样的。中国工商银行积极配合国家出台的支持绿色信贷的政策，但仍会存在执行过程中连续性弱的特点，由此引发以下两方面问题：一是发展绿色信贷政策没有在宏观上有一个战略部署，从而会使执行部门的执行效果随机性比较大，难以准确预测在执行绿色信贷项目时存在的风险；二是国家在实施相关政策时往往缺乏连续性，从而会错失与国际先进银行相互交流合作的机会，减缓整个银行的风险管理以及与国际接轨的速度。

2. 组织管理机制不健全

中国工商银行的董事会制定绿色信贷前景战略，高级管理层负责实施战略目标并制定相应的绿色信贷制度，并由部门负责人负责日常绿色信贷业务的落实。中国工商银行虽然会有一个较为健全完善的绿色信贷体系，但仍没有专门负责绿色信贷的部门，目前仅有金融部门负责相关绿色信贷的相关事务，未将环境风险管理作为风险管理体系的重点风险。这种业务管理缺乏统一性和连续性，使中国工商银行的绿色信贷流程无法得到有效管控。

3. 绿色信贷专业能力不足

由于绿色信贷涉及更全面的专业知识，不仅涉及金融领域还涉及环境保护方面的内容，所以相关的绿色信贷人员必须要储备专业知识技能。目前，中国工商银行的有关绿色信贷人员大都是仅接受行内传统信贷发展的短期学习培训，缺乏对绿色信贷业务的专业敏感度、专业知识技能。而关于环境保护相关的专业人才更是匮乏，可能会制约研发绿色产品以及相关绿色制度的实施。

4. 产品创新有待进一步挖掘

就中国工商银行目前开展的信贷业务而言，从服务对象上看，仍集中在高污染、高耗能以及产能过剩的行业，即集中在"两高一剩"行业，这从侧面反映出绿色信贷产品的单一性，在信贷产品方面的创新性不足；从目的上看，中国工商银行发行绿色信贷产品主要为了解决融资难、融资贵的问题，而由绿色信贷产品催生的相关衍生品研发较为匮乏，产品差异化程度较小，难以满足市场日益增长的多样化需求。

5. 绿色信贷推广程度不高

目前，我们只能从工商银行发布的《社会责任报告》披露的相关信息中关注绿色信贷信息，很难获得许多关键的信息，很多开展节能环保的项目需要资金，线上无法获得相关产品项目的具体信息，难以顺利推广业务。

第二节　绿色债券

绿色债券作为一种新型的融资工具，最早是从国际市场上的《绿色债券市场准则》中提出来的，被看作一种债券融资工具，对环境有利项目进行融资，并将融资获得的资金用于绿色或绿色环保等再融资项目。在中国，中国人民银行也明确了绿色债券的定义，绿色债券，顾名思义是兼具绿色和债券双重特性，其作为绿色金融的一种重要的融资渠道，可以满足不论是发行方还是投资方的投融资需求，并促进对环境有利的绿色发展。

一、绿色债券的相关政策

2007 年欧洲银行发行绿色债券之后，中国的绿色债券得到了快速发展。

表3-3和表3-4为绿色债券政策汇总。浦发以及兴业银行在2016年都分别获批了国家不超过500亿元的绿色债券，这标志着中国绿色债券市场正式启动（郑玉琳和翟晓东，2017）。

表3-3　2017年绿色债券政策汇总

时间	政策名称	主要内容
2017年3月	《非金融企业绿色债务融资工具业务指引》	贯彻五大发展理念，指引非金融企业向绿色环保方向发展，推动经济发展方式转变以及结构转型升级
2017年3月	《中国证监会关于支持绿色债券发展的指导意见》	要求证监会系统单位应当加强政策支持和引导，建立审核绿色通道，适用“即报即审”政策，提升企业发行绿色公司债券的便利
2017年5月	《政府和社会资本合作（PPP）项目专项债券发行指引》	鼓励上市公司及其子公司发行PPP项目专项债券，重点支持能源、交通运输、水利、环境保护、农业、林业、科技、保障性安居工程、医疗、卫生、养老、教育、文化等基础设施和公共服务领域的项目
2017年6月	《绿色金融改革创新试验区总体方案》	将江西、贵州、新疆、浙江、广东设立为绿色金融改革创新试验区
2017年10月	《关于构建首都绿色金驶体系的实施办法》	明确提出加快构建基于绿色信贷、绿色债券、绿色上市公司、绿色基金、绿色保险、碳金融等在内的绿色金融体系，是首都金融发展的战路方向，是构建“高精尖”经济结构的重要支撑
2017年12月	《绿色债券评估认证行为指引（行）》	这是我国乃至全球第一份针对绿色债券评估认证工作的规范性文件，对机构资质、业务承接、业务实施、报告出具、监督管理等方面作出了相应规定

资料来源：作者整理得到。

表3-4　2018年绿色债券政策汇总

时间	政策名称	内容
2018年3月	《中国人民银行关于加强绿色金融债券存续期监督管理有关事直的通知》	要求有关部门加强绿色金融债券存续期募集资金使用的监督核查以及信息披露的监测评价，并同时发布了绿色金融债券信息披露规范、募集资金使用季度和年度报告模板
2018年3月	《上海证券交易所公司债券融资监管问答（一）——绿色公司债券》	明确了主营业务属于绿色产业领域的发行人可不对应具体绿色项目发行绿色公司债券
2018年4月	《上海证券交易所服务绿色发展推进绿色金融愿景与行动计划（2018-2020年）》	将进一步推动绿色证券，特别是绿色资产支持证券的发展，降低绿色债券融资成本，强化绿色债券监管与风险管理，促进绿色债券市场健康发展

续表

时间	政策名称	内容
2018 年 6 月	"央行决定适当扩大中期借贷便利（ILF）担保品范围"	新纳入担保品范围的有：不低于 AA 级的小微企业、绿色和"三农"金融债券，AA +、A 级公司信用类债券，优质的小微企业贷款和绿色贷款
2018 年 8 月	上海证券交易所资产证券化业务问答（二）——绿色资产支持证券	明确了绿色资产支持证券的条件，拓宽了绿色资产支持证券的范围，有利于绿色资产支持证券发展
2018 年 11 月	《绿色投资指引（试行）》	明确了绿色投资的目标、原则和基本方法，将引导从事绿色投资活动的基金管理人、基金产品以市场化、规范化、专业化方式运作，培养长期价值投资取向、树立绿色投资行为规范
2018 年 12 月	"绿色债券标准委员会成立会议暨第一次委员会会议在北京顺利召开"	绿标委的正式成立标志着我国绿色债券自律管理协调机制落地运行，将助推绿色债券市场规范和高质量发展，提高绿色债券评估认证质量和水平

资料来源：作者整理得到。

二、绿色债券的发展现状

（一）发行规模

绿色债券于 2016 年在中国得到迅速发展。表 3 – 5 为 2016 ~ 2018 年绿色债券发行数量和规模，截至 2018 年，共发行 132 只绿色债券，规模为 2081.7 亿元，同比增长 6.56%。中国绿色债券发行规模占到全球绿色债券市场的 30%。

表 3 – 5　　2016 ~ 2018 年绿色债券发行数量和规模

年份	数量（只）	规模（亿元）	发行数量占比（%）	发行规模占比（%）
2016	57	2032.3	17.98	33.09
2017	128	2027.8	40.38	33.01
2018	132	2081.7	41.64	33.89
总计	317	6141.8		

资料来源：国泰安数据库。

（二）债券种类和主体

由表3－6可以看出，债券的种类趋于多样化发展，在各种债券中，绿色金融债所占的比重是最大的，约为64%。绿色公司债是仅次于绿色金融债，发展前景良好。非金融企业的绿色债务融资工具、绿色企业债、绿色熊猫债、绿色资产支持证券的发行所占的比重较小，占比分别为6.07%、10.54%、0.47%、5.60%。

表3－6　　2016～2018各种类绿色债券发行统计

种类	债券数量（只）	主体数量（只）	发行金额（亿元）	比例（%）
绿色金融债	103	67	4073.20	64.41
绿色债务融资工具	39	35	383.80	6.07
绿色公司债	74	56	816.04	12.90
绿色企业债	47	39	666.20	10.54
绿色熊猫债	1	1	30.00	0.47
绿色资产支持证券	32	31	354.39	5.60
合计	296	181	6323.63	100

资料来源：国泰安数据库。

（三）发行期限和利率

从债券发行的期限可以看出，绿色债券主要有3年、5年和7年期，还有少数的1年、2年、10年以及15年期的绿色债券（见表3－7）。绿色债券的期限能更好地与绿色项目期限相吻合，其平均期限为4年。从债券发行的利率上看，主要是固定利率，平均利率在4.4%左右。较好顺应我国经济发展的方式。

表3－7　　2016～2018中国绿色债券发行期限统计

发行期限	债券数量（只）	数量占比（%）	金额（亿元）
1年以内	1	0.38	10.00
1年	1	0.38	2.00
2年	3	1.14	100.00
3年	129	48.86	3464.44
4年	3	1.14	17.70
5年	84	31.82	1677.90

续表

发行期限	债券数量（只）	数量占比（%）	金额（亿元）
7年	29	10.98	361.70
8年	1	0.38	7.00
10年	7	2.65	93.50
15年	6	2.27	135.00
合计	264	100	5969.24

资料来源：国泰安数据库。

（四）募集资金投向

绿色环保是绿色债券的最大特征，因此绿色债券所募集的资金投向必须要符合国家政策的绿色环保项目。金融机构在募集说明书上就明确表示发行绿色债券募集资金必须是严格按照国家政策的要求，投放到行内经过严格筛选之后的绿色环保项目，进而最终实现环境与效益共赢式发展。从图3-2可以看出，资金投向最多的行业是清洁能源领域，其次是清洁交通领域，最少的是生态和气候变化行业。

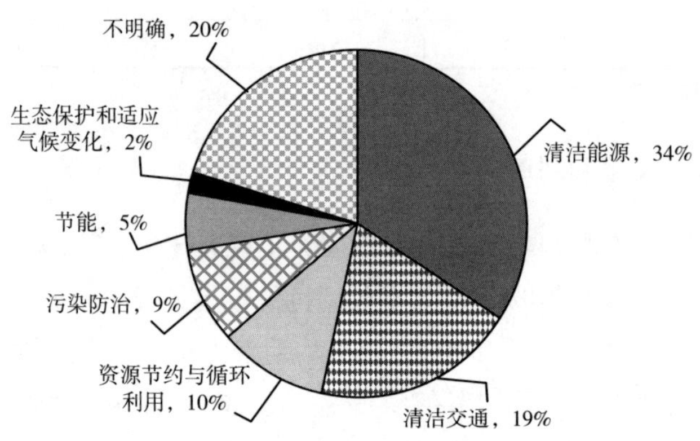

图3-2　2018年绿色债券募集资金投向行业分布

资料来源：国泰安数据库。

三、绿色债券的主要案例

（一）发行阶段

1. 发行前阶段

兴业银行在绿色债券发行前，首先，要筛选出绿色债券项目，虽然申请贷款的绿色项目并不能全部都获得准许发行。其次，筛选完成之后，要进入评估绿色债券的环境效益这一必不可少的环节。最后，投资者对绿色债券存在信息不对称关系。一般情况下，投资者对绿色债券的了解程度只能通过公开的报告了解，因此，第三方机构的引入就非常有必要了。第三方机构不仅可以对绿色债券进行准确、专业化的评定，对发行者的行为得到合理的控制，而且还可以为投资者提供可参考的专业意见（马文芳，2019）。

2. 启动和发行阶段

兴业银行在启动和发行阶段，公布绿色债券的相关信息。在发行阶段选择承销商作为中间人，就债券的期限、利率以及规模等要素达成一致，并及时向社会公告相关信息。兴业银行依据招募说明书公开发行绿色债券。承销商会在绿色债券发行期间实时关注订单的流动情况，并指导和建议绿色债券发行者的定价问题。

3. 发行后阶段

兴业银行在发行后阶段需对募集到的资金进行追踪并应按约定债券进行还本付息。中国企业负债过多使得违约事件频繁发生。一般绿色债券的借款人会按照绿色债券的本金进行偿还，而兴业银行所不同的是，其发行绿色债券是采取先息后本的偿付方式，已出现首只已经全部收回的绿色债券。兴业银行募集到的资金完全按照国家规定流向绿色环保行业。

（二）绿色债券投资主体与发行场所

兴业银行发行的绿色债券在市场上受到热烈追捧，基本认购额都会超过首次上市的两倍多，如“18 兴业绿色 01”债券获得了当时认购额 3 倍之多。一般情况下，国债的认购额会在 3 ~4 倍，绿色债券的受欢迎程度与国债水平差不多。从投资主体上看，绿色债券是含有绿色项目的债券，吸引更多的能为环境作出有利价值的绿色投资者，根据数据显示，银行、保险、基金这三大机构投资者的托管占比达到 85%，在银行的具体细分中商业银行占到 70%。中国的绿色债券投资者为机构投资者，个人要想持有绿色债券，必须通过购买基金、理财等。兴业银行初期专门面向私人投资者发行理财产品，吸引了广大投资者的密切关注，推动了绿色行业的发展。

绿色债券发行场所均在银行间的债券市场上，此市场同样是以机构投资者为主，考虑到个人投资者所具备的专业能力、时间、精力、资金数量等的局限性，当面对风险时，无法像机构投资者那样具有较强的抵御能力。这种模式也使得兴业银行能够顺利发行绿色债券，也是发行的绿色债券都能够获得超额认购的原因所在。承销绿色债券方式主要有代销和包销，兴业银行发行的绿色债券是发行人将债券交给承销商进行销售，当有未发行完的绿色债券则由承销商进行购买，这在很大程度上减少了发行人的风险。

（三）绿色债券发行额度与期限

兴业银行在2016年获得了人民银行的批准，能在市场上发行不超过500亿元的3年期绿色债券，当年的11月，兴业银行发行完成获批的全部发行额度。兴业银行在2018年又获得了300亿元的3年期的绿色债券发行权，发行主体获得了AAA级的评级，得到了广大投资者的喜欢，认购额超3倍多。2018年下半年，兴业银行发行的第二期绿色债券获得了安永事务所的认证。兴业银行不仅在境内发行，还在香港分行境外市场发行债券，此种境外绿色债券同样得到了国际投资者的偏爱，其中美元品种和欧元品种都得到了认购者3倍多的认购。兴业银行是我国第一家境内和境外同时发行绿色债券的商业银行。兴业银行绿色债券的发行，不仅能够吸引境外投资者，而且提升了中国绿色债券的国际地位及影响力。

兴业银行在2016年发行500亿元3年期的债券，2018年发行600亿元2年期的债券，2018年在境外发行65亿元1期（6亿美元和3亿欧元）的债券，共发行绿色债券1165亿元。根据CBI和CCDC报告显示，兴业银行绿色债券发行总额在全球范围内排名第二，兴业银行获得了国际市场的影响力，同时也表明兴业银行绿色债券的发展逐渐向国际市场迈进。

在绿色债券发行期限上，兴业银行发行绿色债券有短期和中长期，短期是指在1年以内，中长期是3年和5年两种，同时这也是在市场上广受投资者欢迎的品种。这不仅符合绿色债券的项目周期，而且也能让投资者及时获得收益。

第三节　绿色基金

绿色基金在符合当前绿色发展理念的背景下，是为低碳绿色发展而专门设立的基金，其主要目的是投资与环境有关业务的项目，不是想要追求投资回报，重要的是注重环境效益。

一、绿色基金的相关政策

我国对绿色基金的重视主要是从最近几年才开始的，相关的政策比较少，目前可以通过公开途径获得的主要是2018年11月出台的《绿色投资指引（试行）》。2016年的“十三五”规划首次提出要发展绿色基金（见表3-8）。

表3-8　　2016～2018年我国绿色基金政策

时间	政策名称	主要内容
2016年3月	《中共中央关于制定国民经济和社会发展第十三个五年规划的建议》	发展绿色金融，设立绿色发展基金
2018年11月	《绿色投资指引（试行）》	对绿色机构投资者作出普遍适用的规范性要求，要求基金管理人应每年开展一次绿色投资情况自评估并上报评估结果。明确和细化绿色投资特别是相关主题基金方向，但不做过高要求，主要围绕培养从业者绿色投资理念和建设企业新的绿色投资体系为主

资料来源：作者整理得到。

二、绿色基金的发展现状

国际市场上的绿色基金发展较为完善，由最初的民间对绿色项目的厌恶到政府参与背景下民间对绿色项目的喜爱，使得民间投资成为环保领域的重要组成方式。例如，欧洲市场重视社会投资市场，其投资策略增速大于平均增速（马骏等，2016）。绿色股权投资基金为绿色基金的主要类型，占比88%（Jade，2018）。中国从发展普通基金到绿色基金，历经了六余年之久，之后的绿色基金呈现多样化发展趋势。总体上来看，尽管中国绿色基金发展较晚，但是此种发展理念方式与中国倡导的方式是吻合的，在中国特色社会主义的发展背景下，初步形成了中国特色绿色基金体系。

（一）绿色基金种类

目前，国内绿色基金主要分为以下三种（苏丹等，2018）。

1. 交易所环保主题基金

2014年以后，我国开始建立交易所环保主题基金，重视生态环境，以保持中国经济的可持续发展。在这样的背景下，环保主题基金值得关注，该种基金主要是投资于环保主题，大致可以分为股票型、指数型、混合型三大类。

2. 环保产业并购基金

环保产业的公司投资于环境保护方面，主要有如下特点：一是所谓并购基金主要是指并购股份，资金需求大，据相关统计，主要以 10 亿元、30 亿元为分界点，分为三个区间段，而在 10 亿元以下的占比为 13%，10 亿元以上 30 亿元以下的占比为 53%，30 亿元以上的占比为 14%。因此，可以发现 10 亿元以下已经难以满足资金需求，所占的比重是较小的；而占主流的是 10 亿元以上环保产业并购基金。二是在运作形式上，以有限合伙制的形式设立并购基金公司。三是从设立方式上，主要是上市公司加 PE、银行、券商等方式。

3. PPP 模式环保产业基金

PPP 模式环保产业基金就是将环保基金与 PPP 模式相结合，是金融产品的创新，环保基金更多的是用来解决 PPP 项目资金的问题。一方面，在政府对项目的监管制度下，一些资金开始流入，再加上财政部门的支持与配合，可以在很大程度上解决资金问题；另一方面，随着环保企业的加入，技术及制度的逐渐完善，效率稳步提高。中国的 PPP 模式环保产业基金主要有三种模式：环保产业母基金、环保产业子基金及政府投资基金。由于基金项目是将整体进行打包，可使利润低的及利润高的项目整体均匀受益，利润低的项目也可以发挥自身的优势，正是这些优势使得环保事业项目越来越得到政府、环保企业和社会的关注。

（二）绿色发展基金运作中存在的问题

1. 难以吸引社会资本参与

绿色发展基金具有投资收益低及相关支持政策少的特点。一方面，由于绿色发展基金主要投资于大气污染等环境领域，主要是周期较长而收益较低的项目，难以将社会资本吸引过来。另一方面，国家虽然有保护环境、重视绿色发展的理念，但是仍未出台具体的实施细则。如各个具体的省份没有出台基金税收优惠、财政补贴等政策，限制了基金的发展。从风险承担的角度上看，绿色发展基金的对象大多是中小企业，没有相关风险控制的具体政策，使得资金的流入变少。

2. 部分绿色发展基金使用效率较低

一方面，绿色发展基金绝大多数是以政府为主导，出现基金规模扩大，但可投产业较少，产生了基金闲置的现象。另一方面，关于绿色项目的认定问题，国家虽然已经制定出不同的认定标准，但项目之间会有冲突以及不认可的状况发生，不利于对项目的判断。

3. 部分绿色发展基金管理机制不健全

一方面，绿色发展基金大多是政府推荐，政府在整个管理上占据着重要地位，市场参与度较低。另一方面，基金运作过程中，虽然会设有理事会、投资与风险控制等相关内部机构，但相关岗位的负责人有点像虚设一样，开展的基金运作、资金使用、管理、风险揭露等都是不透明的，投资者也无法得知基金的运作以及相关信息。

4. 部分绿色发展基金投向偏离绿色方向

绿色发展基金的设立初衷是让微小企业获得资金周转，投资于金融产品，使绿色发展能支持产业进步。但在后来的具体机制运行中，绿色发展基金由于管理欠缺、粗放型经营以追求收益，逐渐偏离其最初的目标。甚至会有一些基金投资于公共基础设施，扩大了资金的用途，也背离了发展基金的绿色理念（单科举，2018）。

三、绿色基金的主要案例

（一）卡尔费特平衡组合 A（Calvert Balanced Portfolio A）

1982 年在美国出现的第一只绿色基金——卡尔费特平衡组合 A（Calvert Balanced Portfolio A）。该绿色基金的考核运作方式是将环境考虑在内，在资金的投向方面更是通过重重筛选才投入环境保护行业，并在股东大会上着重强调环境生态的重要地位。这种运作形式是将环境、企业以及社会都纳入进来而实现基金的保值增值。目前，能够成功改善环境的基金是欧洲基金，其主要通过 PPP 组织来募集资金，然后投放到子基金的新能源、绿色等项目（王波和董振南，2020）。

（二）中美绿色基金

2016 年 10 月，中美绿色投资管理有限公司正式核准成立，由该公司成立的这只基金主要是中国和美国建立的以绿色为理念的基金，目标就是实现跨境合作交流，让境内和境外两个市场发挥各自的优势，实现技术、模式上的有机结合，从而可以促进中国绿色发展。

中美绿色基金的商业模式为：P. R. I. M. E 模式。基于以往的经验和实践，其提出了一套最适合绿色投资的商业模式——政策（P）、研究（R）、整合（I）、资金（M）和执行（E），旨在可以实现“投资绿动中国”。2017年10月，中美绿色基金与一家分布式太阳能光伏生产商和智能泊车服务提供商建立了战略投资伙伴关系，并与某农村电子商务网络达成协议，向农村消费者销售绿色能源和农产品。同年12月，中美绿色基金投资农村“汇通达”，着重打造生态乡村，实现精准扶贫及绿色发展。2019年完成了“箱箱共用”的投资，以减少包装物所引起的浪费。

第四节　绿色保险

关于绿色保险，既有狭义的也有广义的定义，环境污染责任保险被学者及媒体称为“绿色保险”。环境污染责任保险是将环境看作外部因素，绿色发展把环境当作内部因素，其实环境污染责任保险并不是绿色经济的一部分，称其为绿色保险的狭义定义。绿色保险是经济与环境有机结合体，不仅为经济增长提供了新的动能，还促进了绿色产业的转型升级。从广义上讲，绿色保险还涵盖了其他领域的保险，从而对环境产生有利的影响，是可以协调各领域的保险（田辉，2014）。本书所要论述的绿色保险主要是狭义的。

一、绿色保险的相关政策

我国对绿色保险的重视时间与对绿色信贷的重视时间基本一致，2006年就开始在保险业改革的相关政策中提出环境责任保险。之后，专门针对环境污染责任保险出台了指导意见。2013年，国家明确指出了环责险的试行工作，在部分地区与省份之间开展试点工作。2017年国家规定高污染企业要购买强制责任保险，并作出了明确说明，对保险公司也规定不得对投保企业实行拖保和延保等。2018年，李克强总理指出要绿色创新改革，通过创新保险产品推动绿色保险的发展。

二、绿色保险的发展现状

（一）绿色保险市场现状

当前中国绿色保险产品的供给与需求存在双缺，绿色保险市场不平衡。一方面，绿色保险公司并不充足；另一方面，中国对绿色保险的需求又比较强烈。显然这两者之间并不能达到平衡的状态。整体来看，首先，绿色保险要想可持续发展，必须将绿色理念融入保险理念，实现保险业的绿色化及生态化。其次，一些经济、法律制度的滞后性严重制约着保险业的健康发展。中国相关责任保险之所以不能发展壮大，是因为相关法律法规未完善，或已颁布但其制度不健全、不成熟，执行力不够。因此，建立完善法律法规显得尤为关键。最后，大众对环境保护的意识还不充足，企业的动力逐渐减少，以及相关制度建设缺乏有序完整性。

（二）绿色保险外部环境现状

中国绿色保险的发展在宏观体制上还有待完善。在具体的实施细则上，法律法规并没有对一些含糊不清的污染事故作出具体意见，在处罚程度和赔偿方式上缺乏细则。因此，对那些高污染企业约束力不够，绿色保险未能真正发挥绿色职能的作用，环境污染现象仍然存在。

（三）绿色保险内部环境现状

20 世纪 90 年代初，中国采取的是任意保险的方式，仅在个别城市试行，规模小投保人少。2007 年，明确保险的承保标的是以突发、意外造成的环境污染的损失为主，标志着中国保险制度进入初级阶段。2013 年，环境污染强制投保政策实施。尽管这些举措会有一些效果，但对那些高污染行业没有鞭策效应。另外，中国的保险产品比较单一，在很大程度上会限制投保人在投保过程中的选择。

发生环境污染事故，相关事后机制欠缺完善，保险公司在责任认定上存在很大的难度，造成赔偿不够合理。绿色保险的涉及面非常广泛，评估以及认定是谁的责任必须要专业人士来衡量。但是，中国的此类专业人才储备较少，无法对事故进行合理且准确的判断，无法根据一套完整的评估体系来判断事故的结果，导致责任偏差，不仅影响保险公司利益，还会引起一些无法预料的损失。

中国环境污染的企业主要集中在石油、化学以及重工业行业。这些企业出现污染时，经常是由政府出面解决的。企业对自身环保要求不高，一味地追求自身发展，也没有通过风险控制来规避风险。

第四章　我国经济绿色化的政策与实践

第一节　我国经济绿色化的政策演变

总体来看，我国经济绿色化受国际经济绿色化进程的影响较大。随着联合国对人类环境问题的关注，我国也逐渐重视对环境的保护。到了20世纪80年代，我国发布一系列与环境保护相关的决定及法律，并在20世纪90年代和21世纪初逐渐制定更为系统的政策，最终形成了当今生态文明和绿色发展新理念（侯纯光，2017）。

一、环境保护基本国策

新中国成立之初，环境问题并没有被政府重视，主要原因是环境污染和生态恶化现象只存在于部分地区。虽然在1972年之前，国内有先进的知识分子注意到环境保护的重要性，提出综合利用工业废水、废液、废气，治理工业公害，兴修水利和植树造林等措施，但并未进行深入系统的研究，针对环境污染这一问题只提出了与环保相关的基本内容。

1973年，中国政府召开第一次环保会议，并发布规定，从政策上要求各地政府注重自然资源的开发对当地环境的长期影响。次年，我国成立环境保护领导小组，统一协调环保工作。1978年，我国将环境保护纳入《中华人民共和国宪法》，极大地推动了环保事业进程。

以改革开放为标志，中国转向现代化发展战略，不再只是重视重工业的发展，而是转向更为经济兼顾型的发展，由经济发展带来的环境污染问题也受到重视。1979年，《中华人民共和国环境保护法（试行）》通过，其主要任务是缓解发展与污染的矛盾，要求合理利用自然资源，并要注意在生产工作中对环境造成的影响，表明了政府保护环境的决心。1981 年，国务院发布文件，要求在发展经济过程中注意引起的污染问题，再次推动了我国环保政策的发展。1982 年，城乡建设环境保护部成立。次年，第二次环保会议召开，会议明确指出，环境保护是基本国策。会议强调了要强化对环境的管理，并进一步加强环境保护相关科研工作，表明了政府对环保工作的重视。1984 年，国家环境保护局成立，该机构的设立有利于有效监督管理环境保护工作，改善生态环境，缓解发展与环境之间的矛盾。次年，“七五”计划提出把改善环境质量作为重要任务。1989 年，第三次环保会议召开，会议主题是如何面对和解决污染问题，并向环境污染宣战，最终形成三大环境政策和八项制度，表明政府治理污染的决心。同年，《中华人民共和国环境保护法》正式通过，这标志着环保事业正式纳入法律，是我国环保事业的一大里程碑。

二、可持续发展战略下的经济绿色化

1981 年，布朗在其书中提出，可持续发展的实现离不开政府的努力，具体来说可以通过三个主要措施来实现：控制人口的规模可以在一定程度上控制生活污染；合理利用资源可以解决资源过度消耗的问题；在发展的同时保护生态环境能够降低生产性污染。1987 年，《我们共同的未来》发表，该报告明确提出现存资源与人类需求的矛盾，环境、能源以及发展危机共存，当前的经济发展模式需要改变。由此，可持续发展理念得以广泛传播。

受国际绿色化浪潮的影响，我国的经济绿色化进程不断推进。在这样的现实背景下，我国提出了可持续发展战略（李春娟，2010）。为了更为系统地解决发展与环保之间的矛盾，我国提出了《环境与发展十大对策》，该文件详细提出了实现可持续发展的战略任务及措施。1996 年，第四次环境保护会议提出，应继续坚持可持续发展，对环境的保护即是对生产力的保护，这对经济绿色化的发展具有重要意义。同年，国务院发布文件，提出了实施一系列比以往更加严格、更为有力的对策措施：增加环保投入，支持环保企业的发展；提高科学技术在环保过程中的应用，减少环境污染；提高全民族的环保意识，减轻城市环境压力；加强国际环境保护的交流与合作，学习各国实际有效的生态保护经验。这标志着我国开始针对污染治理实施实质措施，并推动各地制定环保目标、实施环保措施。2002 年，第五次环境保护会议召开，会议明确提出要加大环保工作力度，并推进地区的环境整治。自此，我国环保事业开始进入下一发展阶段。

三、科学发展观指导下的经济绿色化

2000~2010年，经济保持稳定高速增长，同时我国的物质资本也得以积累。消费会刺激经济增长，资本快速积累的同时，居民的消费能力同样提升，我国的房地产等工业快速发展，大规模的基建工程带动了一系列重工业行业的发展，但与之相伴的是，资源的消耗、污染排放同样大幅提升。我国经济绿色化进程似乎逆转，重回高消耗、高污染、高排放的发展模式（侯纯光，2017）。如何调节经济快速发展和环境保护的冲突是政府面对的重要问题，可持续发展为中国的资源有效利用提供解决方案，并有利于处理经济发展与环境保护之间的关系（张萤，2012）。

2003年，党中央提出了科学发展观。坚持绿色发展理念生态文明与经济、社会等得到全方位发展（周岳龙，2018）。2005年，党中央提出构建"资源节约型、环境友好型社会"，在具体实践中，要发展循环经济并加强对环境的保护。2007年的党的十七大报告更突出了经济绿色化的重要性，要求转变发展方式，适当发展重工业，保持环境污染可控，大力发展环保产业，注重产业结构的调整，坚持经济可持续发展（李红梅，2011）。

生态环境的稳定决定了人类的存活，生态文明建设贯穿人类发展的始终。国务院提出实施可持续发展战略是我国的一项基本方针。在这一观念的指引下，我国采取了对自然资源的保护与开发的措施，如植树造林、水土保持、遏制沙漠化、草原恢复建设、发展生态农业等，减缓了生态破坏的速度。

四、生态文明与经济绿色化

2008年，金融危机爆发，世界各国经济衰退。在这种国际形势下，潘基文提出"绿色新政"概念，力求实现环境和经济的可持续发展。在当前世界全面展开绿色、可持续发展的时代背景下，基于我国的社会主义建设进程，中央政府围绕绿色、可持续发展提出一系列举措，极大地推动绿色经济化进程（陆波和方世南，2016）。在当前阶段，我国实现经济绿色化的政策有：主体功能区规划；提出新型工业化、信息化、绿色化、农业现代化和城镇化理念；划定生态红线，并提出“创新、绿色、开放、共享、协调”五大发展理念。

2011年，《全国主体功能区规划》正式发布，该规划明确提出，要根据不同地区的特点规划当地的发展。具体来说，要优化开放密度高而承载能力弱的区域，并重点开放人口集聚地，限制开放承载能力弱的地区，禁止开发自然保护区。2012年，党的十八大提出生态文明建设，强调生态文明建设的重要性，并要求将其与我国全方位发展相融合。党的十八届四中全会提出，为了更好地开展环保工作，将配合法律制度得以实现，从而能够确保生产经营者在生产过程中注重对污染排放的控制，大幅提高生产者的违法成本。2013年，党中央提出深化改革，加快对生态文明建设进程。2014年，环境保护法修订草案通过，确定了将“保护优先”作为基本原则，并首次将“生态红线”写入法律。2015年，党中央提出协同推进新型工业化、信息化、绿色化、农业现代化和城镇化，并提出“创新、绿色、开放、共享、协调”五大发展理念。

第二节　我国经济绿色化的发展现状

从环境绩效指数、单位GDP能耗和环境污染治理投资、经济增长方式、产业结构组成以及居民绿色消费观念等方面看，我国经济绿色化虽然有一定的发展，但总体而言，绿色化程度仍然偏低，处于绿色经济发展初级阶段（肖翠翠和原庆丹，2013）。

一、环境绩效指数

环境绩效指数，即EPI指数，常被政府及科研机构用以说明各国的环保状况。环境绩效指数由2006年的16项指标扩展到2010年的25项指标，并基于这些指标对各国进行排名。在2018年的排名中，中国的总分为50.74，排在180个经济体中的120名，相较于欧洲和美国等高收入国家的分数：瑞士87.42、法国83.95、瑞典80.51、英国79.89、澳大利亚78.97、美国71.19，中国不管是水和卫生、空气质量，还是室内污染、环境健康，都存在较大差距。

二、单位GDP能耗和环境污染治理投资

能源的使用效率可以在很大程度上反映一个经济体对于资源的整体利用效率，单位GDP能耗作为衡量能源利用效率的指标，也可用来衡量经济绿色化水平。由图4-1可知，在2008~2017年，我国单位GDP的能耗不断下降，2009~2010年有了显著的下降，下降幅度超过20%，此后逐年平稳下降，至2017年下降到0.6万吨标准煤/万元以下。这说明近年来我国在缓解经济发展与能源消耗之间的矛盾方面取得一定成效，同时说明了我国对资源利用效率水平有了一定程度的提升。

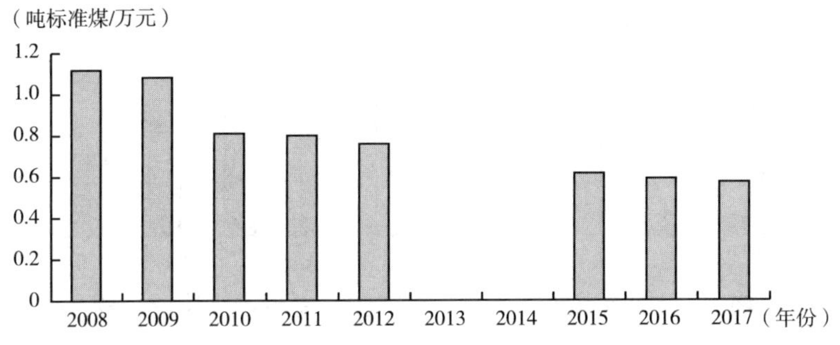

图4-1 2008~2017年我国单位GDP能耗

资料来源：2008~2017年《中国环境统计年鉴》，2013年和2014年数据缺失。

2008~2017年，我国对环境污染治理的投资额总体上呈现增加趋势，只在2011年和2015年出现较小幅度的下降，2014年和2017年的投资额已接近10000亿元，显示了我国对环境保护和发展绿色经济的重视（见图4-2）。同时，环境污染治理投资占GDP比重在2008~2010年有较大的涨幅，尽管受金融危机影响，2009年这一比重下降，但2009~2010年的涨幅依然达到40%左右。2011~2014年，这一比重有所下降，但依然稳定在1.5%左右，这说明我国保持了经济与环境污染治理投资的协同增长。2015~2017年，这一比重下降到1.2%左右，说明我国对环境污染治理投资已取得一定成果，一些基础设施的建立已达到较为稳定的水平（见图4-3）。但经济发展必然会带来一定程度的环境污染，不论是在人口较为密集的城市地区带来的居民生活污染，还是工业区生产工业制品带来的空气、水污染等，均需要在较长的时期保持对环境污染治理的投资。

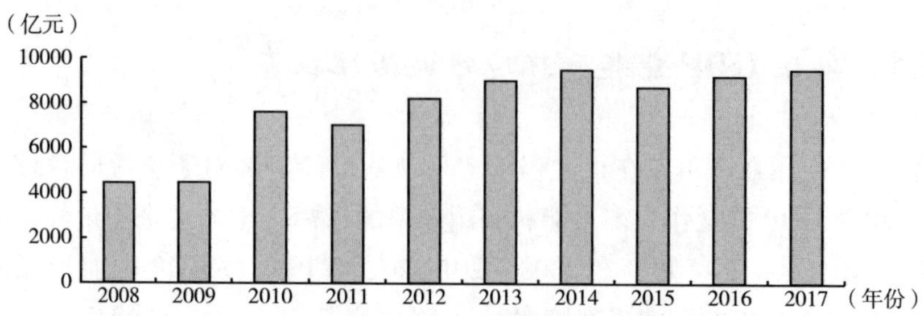

图 4－2　2008～2017 年我国环保污染治理投资

资料来源：根据 2008～2017 年《中国环境统计年鉴》的相关数据整理得到。

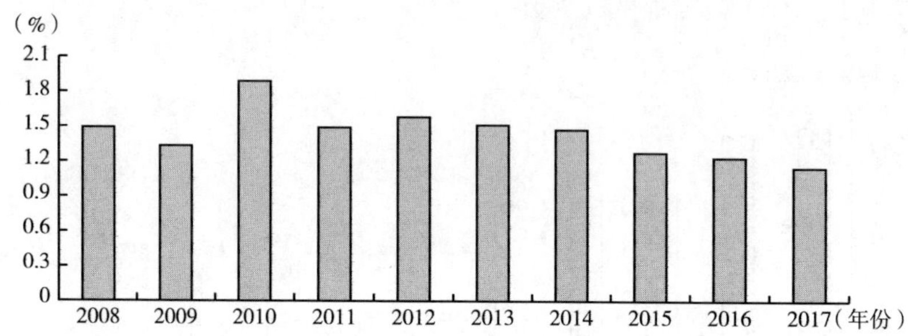

图 4－3　2008～2017 年我国环境污染治理投资占 GDP 比重

资料来源：根据 2008～2017 年《中国环境统计年鉴》的相关数据整理得到。

三、经济增长方式和产业结构

改革开放以来，经济持续高速增长，但在经济发展过程中也出现了很多问题。例如，我国主要依靠生产要素的投入扩张来实现产出增长，经济增长水平不高，以粗放式增长为主，在较大程度上依靠要素的积累（王瑞，2019）。2012 年之后，我国的经济增长速度开始下降，由原来的高速增长变成中高速，但与之相对应的是，我国的经济目标不再只是追求高速增长，而是在经济增长的同时重点关注效率与质量。在过去，我国重点依靠工业的发展，而现在产业结构的调整也促进我国绿色化的过程，我国重点整治高污染、高能耗的行业，增长方式由粗放型向集约型转变。产业结构的调整有利于我国实现经济绿色化，并在有利于经济增长的同时注意绿色发展。

由过去的数据可知，自改革开放以来我国的第二产业占 GDP 比重水平持续增加。进入21世纪以来，重工业与GDP占比持续增大。我国的产业结构过于重型化，而重工业程度较大带来的最大问题就是污染。大气、水污染问题常见，对能源的采集和消耗会加剧当地的环境污染，我国经济绿色化水平保持在较低的水准。但“新常态”下，我国注重经济的转型，不再依靠重工业的发展，而是加快调整产业结构，在政策上支持发展技术密集型产业，优先发展服务业，最终，第二产业占GDP比重下滑。在制造业方面，我国重视企业的转型升级，尤其注重加工贸易企业的转型升级。劳动密集型行业，生产的产品附加值往往较低，而技术密集型行业的产出多是高附加值，且在生产过程中的污染较少。伴随着技术水平的提升，我国完全有能力实现产业结构的升级。产业结构的优化降低了重工业化水平，减轻了工业发展对环境的破坏程度，同时，使劳动力向第三产业转移，促进新技术的开发和清洁能源的生产，可以提高绿色经济的发展水平。

四、居民生活消费

居民消费对经济绿色化影响程度较大。消费是促进经济增长的重要源泉，随着国民收入水平的提高，内需也随之增长，中国有着较大的消费带动经济增长的空间（李晖和唐志鹏，2020）。地方居民绿色消费观念的提升会促进当地绿色生态城区的发展。具体来说，居民对生活用品的选择倾向于绿色产品及重视节约资源，有利于当地实现经济绿色化。同时，绿色消费习惯的形成有助于当地环境的改善，有着积极的外部效应，同样有助于当地生态经济发展模式的转型升级，利于推动城区绿色生态经济可持续发展。我国的绿色消费起步较晚，虽然在互联网发达的当下社会，大多数人已认可绿色消费，但是绿色产品本身的价格仍较高，超出了群众的消费能力，更有甚者，部分生产商打着绿色产品的名义乱定价，扰乱市场秩序，其价格与成本严重不符，且产品质量存在一定问题，导致了国民对绿色产品望而却步（栾小凯等，2017），因此，政府需要关注当前的绿色消费发展现状，积极监管当前绿色产品市场，把控产品质量，让消费者放心购买绿色产品。虽然我国居民的绿色消费观念还没有完全普及，但是随着绿色经济的发展、生态城区的建立，绿色消费观念必将成为推动绿色经济化的重要力量。

第三节 我国经济绿色化的实现路径

现阶段，我国的资源依旧匮乏，且环境污染问题并存，这些因素制约着我国的经济发展。增长与污染的矛盾依旧严重，要实现可持续发展，政府必须推动发展方式的绿色转型。（庄莉，2018）。同时，为了更好地实现经济的绿色化发展，增加环保产业投资，促进绿色企业的发展，提高绿色经济水平，引导居民树立绿色消费观念，建立绿色发展机制，完善绿色法律法规，为经济绿色化提供良好的制度环境也同样重要（张艳，2018）。

一、推进绿色生产方式，树立绿色生产理念

和世界多数发达国家相比，我国的环境绩效指数较低，排名仅在世界中游。我国的环境污染较为严重，严重程度甚至超过很多发展中国家，这说明我国的环保事业仍有较大的进步空间，政府要对绿色生产方式给予更大的支持。对企业自身而言，绿色生产方式往往提高了其生产成本，尽管相关法律和企业的社会责任要求加快转型为绿色生产方式，但成本的压力会导致其利润的不足，进而影响其存活。除了硬性的法律要求，政府可以从政策上支持企业的绿色生产，如通过对选择绿色生产方式的企业进行成本补贴，这样可以吸引企业进行生产方式的主动改变而非被动选择。同时，政府可以引导企业对清洁能源的使用，加大对清洁能源技术创新的投入，以降低清洁能源使用成本。除了针对成本的考量，政府仍需把控整体的行业分配，如我国的第三产业占比持续增长，尽管这对一个经济体而言是好事，但我国的就业问题仍然存在，较大的人口基数决定了适龄就业人口数量绝非少数，而往往工业能够解决较大的就业问题，所以过度的去工业化对我国的长期发展并非好事。但较大的工业化会带来一些污染问题，所以，这就要求政府从政策方面加快推进企业的绿色生产，在保证经济长期稳定发展的前提下，一步步提高绿色经济化水平。从技术方面来看，如何更为有效地利用新型技术提高资源的使用效率不仅是企业，同时也是政府需要解决的问题。从政策方面，政府仍需加强推进企业技术创新进程，不能过度依赖技术进口，需要提高本土的自主创新水平。

尽管对企业而言，选择绿色生产方式会增加其成本，但从长期来看，绿色生产对我国的长久发展非常重要。所以，企业应响应政府号召，在符合法律标准的前提下从事生产工作，并积极参与到绿色生产之路。企业管理者自身需树立绿色生产理念，并教导员工积极践行这一理念。企业应利用互联网信息，从要素投入方面做到多家产品价格、质量对比，积极使用绿色产品投入生产，做到产品创新、生产流程创新，提高要素使用效率，密切关注我国当前和环保相关的政策，承担起应负的社会责任。

二、促进经济结构优化升级，实现资源配置优化

当前，我国的工业化程度很高，但采矿业、建筑业等占比较高，其生产过程中会造成严重的大气污染。由于此类行业的盈利率较高，吸引了大量的厂商投入生产，形成产能过剩，必须进行结构调整。要实现绿色经济化需要产业结构的升级，推动产业结构向第一、第二、第三产业协调发展的模式转变。继续通过促进技术进步的方式来带动产业升级进程，促进产业绿色化发展，加速传统产业的绿色化进程。尤其是对一些高污染、高能耗的行业，要求其使用绿色产品投入生产，提高能源利用效率，通过优化生产流程来构建绿色工业体系。要重点发展新能源、可再生能源、清洁能源产业，以实现产业绿色化的目标。

在优化产业结构的前提下，企业仍需注重资源使用效率。现阶段主要通过两种方法提高资源的使用效率：一是技术的进步；二是资源配置的优化。政府应发挥市场的配置作用，提高要素市场的资源配置优化效率。现阶段，我国的市场配置决定作用并不显著，部分地方保护主义现象仍存在，这就要求中央政府强化管理与服务职能，保障市场的公平竞争，进一步地完善市场体系，发挥市场配置作用，建立统一的市场准入制度。

三、推进供给侧结构性改革，实现经济发展绿色转型

2015 年，党中央提出供给侧结构性改革，主要是为了解决要素有效配置问题，从而提升经济增长质量。

首先，解决产能过剩的问题。我国的产能过剩主要集中在钢铁、水泥、煤炭等对空气造成严重污染的行业，而经营此类行业的企业多为国有企业，

所以政府推行供给侧结构性改革应从国企开始。部分地方政府为了保GDP增长率，不顾行业是否处于正常运行的状态及此类行业所造成的污染问题，过度生产最终导致产能过剩，进一步破坏了当地的生态环境。这就要求中央政府对地方进行监督，尽快调整经济结构，保障绿色经济持续发展。通过供给侧结构性改革，可以实现由产出增量的改革带动原料产量存量的调整，进而促进产业结构调整。其次，解决成本过高的问题。我国的企业税负处于较高的水准，过高的成本决定了企业较低的利润率，较低的利润水平会影响企业对增加其自身竞争力的投入，影响企业是否会主动贯彻绿色生产的理念。绿色生产方式决定了企业对先进设备的投入，以提高生产要素的使用效率。总的来说，企业需要投入更多的资金以实现绿色生产。故而，需要通过供给侧结构性改革来实现降低企业成本的目的。具体来说，政府可以通过政府支持创业投资等方式缓解中小企业融资难的问题，通过“互联网+政务服务”平台提高政府办事效率，通过改革税制减轻企业的税负。政府要加强对能源的管理，通过相关的优惠政策促进清洁能源企业的自主创新水平，以新技术提高对新型能源的使用效率，降低使用绿色能源要素投入的生产成本，最终达到企业主动选择绿色生产方式的目的。

工业的绿色发展是实现我国长久发展的重要方式。供给侧结构性改革为工业绿色发展提供实现路径。具体来说，政府应继续宣传绿色发展理念，利用财政和金融政策支持绿色行业发展，降低企业成本，倡导企业进行绿色生产，并逐步解决产能过剩的问题，从而实现经济的绿色发展。

四、树立绿色消费理念，推动消费绿色转型

家庭和个人是社会主体，其绿色发展理念的树立对实现经济绿色化具有重要影响。同时，消费是拉动经济发展的重要力量，实现个体的消费绿色化有利于加快全社会的绿色经济进程。对个人而言，消费习惯的改变并不简单，但一旦养成了绿色消费习惯，个人会主动选择购买绿色产品。消费观念的改变并不容易，有些人是素食主义，而更多的人则不是，但素食主义者往往能够坚持食用素食，这说明消费观念的养成对人的改变是长久的。经过长时间的素质教育，环保的意识早已根深蒂固，但大众对于环保的概念多是存在于可见的事物，如重工业生产造成的大气污染、工厂排放的污染物造成的河流污染、使用塑料袋造成的白色污染等，但对使用纸制品会造成多少树木砍伐、

食用的牛羊在生长过程中会排放多少二氧化碳等并没有很直观的概念，所以政府应从多角度加强大众的绿色消费观念。此外，对消费者而言，价格在很大程度上决定了其消费选择，尽管我国的人均 GDP 增长迅速，但中位数的收入仍低于人均收入，这说明产品的价格对大众的影响程度较大。我国的绿色产品市场仍处于较新阶段，部分绿色产品价格昂贵，限制了居民的消费选择。就当前来看，绿色消费的两大问题：一是大众的绿色观念仍不足；二是大众愿意去绿色消费但消费不起。这就要求政府的介入。

从政府的角度来看，为了实现个体的绿色消费，政府应当大力宣传绿色消费观，可通过电视、网络等平台多方面宣传绿色消费，养成居民绿色消费观念。部分平台大肆宣扬超前消费，造成了当代年轻人攀比的消费观，政府应打击此类奢靡、浪费、攀比的风气，倡导居民结合自身需求及消费能力进行消费，养成节约的好习惯。同时，政府应对绿色消费者进行补贴，从而促进个体主动选择绿色消费。具体来说，地方政府可以根据当地的消费水平及居民工资水平来发放绿色产品的消费券，倡导消费者在商场、超市消费时主动选择绿色产品。中央政府可以通过与各大线上电商平台沟通，通过发放线上代金券的方式引导消费者购买绿色产品。此外，政府应主动监管绿色产品市场，积极把控产品质量与价格，以利于吸引消费者的长期选择。

五、健全绿色发展制度，深化制度体系绿色转型

根据不同时代的发展需求，我国绿色发展制度的演变也处于不断改变、持续完善的过程，从早期的粗放式增长，到如今的高质量增长。进一步完善绿色发展制度，有利于促进经济、社会等全方面发展，同时也是实现经济绿色化地重要举措。

一国的制度必然会影响其经济、社会、文化等各个方面，绿色发展制度的完善有利于一国尽快实现绿色经济。为了健全绿色发展制度体系，政府可以通过以下几方面展开工作：首先，要完善经济社会发展考核评价体系。政府应将绿色发展纳入地方政府的考核制度中，不再以单纯的 GDP 增长作为考核标准，推动地方的绿色发展进程。其次，要完善生态环境监管体制。尽管中央提出了绿色发展，但在具体展开工作时需要明确各个部门的职责，并具体协调不同部门间的工作，否则会出现踢皮球现象。最后，要确立生态红线制度和责任终身追究制度。切实落实主体功能区，具体展开实践工作。明确

不同类型和等级的保护区域，重点强调对生态的保护而非生产工作。责任终身追究制度的设立有利于地方政府在具体展开工作时严格依照法律进行。

深化制度体系绿色转型主要包括创新优化正式制度、加强完善非正式制度、建立健全制度实施机制三个方面。其中，创新优化正式制度需要健全环境资源的产权制度、建立完善的生态补偿制度，以及加强政府对生态环境保护责任制度的建设力度。要加强完善非正式制度，需要政府加强普及教育工作，进一步宣传绿色发展理念，要求企业主动承担生态责任，尽快实现绿色生产方式；要求公众从自身做起，做到节约不浪费，少用以至不用塑料用品；建立健全制度实施机制需要健全中央与地方的监管机制和反馈机制、建立促进政府与企业合作的市场选择机制、建立激励约束相容的绿色发展政策体系。

第五章　中国经济高质量发展的政策与实践

第一节　中国经济高质量发展的政策演变

改革开放的伟大进程给中国经济带来了丰硕的成果（张琦，2019）。中国的经济经历了40多年的发展，追求高质量发展逐渐成为新的发展战略。同时，中国伟大的发展理论与实践造就了中国经济发展模式逐渐由高速增长路径转变成高质量发展路径（洪银兴，2019）。为了更深入地了解经济高质量发展，本章将基于时间线，对改革开放以来中国的经济发展政策进行梳理、归纳和总结，进而加深对政策演变过程和经济高质量发展的认识。

本书参考相关研究，将经济发展（自改革开放以来）分为四个阶段。

一、第一阶段（1978～1992年）

在中国经济发展进程中，第一阶段为党的十一届三中全会（1978年）至党的十四大（1992年）。第一，1978年，党的十一届三中全会在中国经济体制转型中具有划时代的意义，作为中国经济发展史上的“伟大转折点”。这次会议提出了中国经济发展的重大战略——改革开放政策，该项政策的内涵具体指的是中国经济发展进程的关键理应是经济建设，要转向以经济建设为核心（洪银兴，2019）。第二，1981年和1982年分别召开的党的十一届六中全会和党的十二大，明确强调了将计划经济作为中国经济发展的主流发展模式，同时，切勿忽视市场在经济发展中的重要作用，理应将市场调节作为发展计划经济的辅助手段（郭爱君、李岩，2009）。第三，1984年召开的党的十二届三中全会，将商品与计划经济区分开来，明确提出，发展计划经济要遵守相关政策的引导和合理使用价值规律，准确引导中国经济运行的方向。

从本质上来看，这种经济当属建立在公有制基础上的由政府事先规划好的商品经济（张琦，2019）。此外，发展商品经济能够促进社会分工，提高中国社会发展水平，促进产业生产专业化，提高社会劳动生产率，推动经济社会大力发展。可见，商品经济发展不仅是中国经济发展进程中必须经历的关键阶段，更是实现中国经济现代化的重要阶段（萧冬连，2019），商品经济的重要性更进一步衬托了“政府事先规划好的商品经济”——中国计划经济发展的必要性。这次会议除了厘清计划经济与商品经济的关系，同时还明确强调国家、企业、个体三者可在国家政策方针的引导下实现共同发展，在此基础上实现经营模式和经济发展形式的多样化（萧冬连，2019）。第四，1987年，党的十三大报告明确强调了政府、市场以及企业三者之间的关系，提出了“实现政府干预与市场调节的有效衔接，催生市场引导企业稳定发展”的经济发展模式。具体来看，通过市场机制的竞争效应，进而促使企业技术创新，淘汰落后企业；市场机制应变突发事件的能力强，资源配置效率高，能很好地引导企业发展，因此，要将市场调节作用发挥到最大化。在通过市场调节，引导企业发展的同时，政府理应制定灵活的产业、企业政策，合理利用相关经济杠杆的干预，与市场机制调节实现有效衔接（刘佐，2011）。第五，1988 年召开的党的十三届三中全会强调，改革可以将强大的生机活力注入国民经济中，进而在一定程度上促进经济和社会的发展，大力提高中国居民的生活福利水平。还明确强调加强经济环境的治理，以促进经济环境的不断优化；加快经济秩序的整顿，以维护经济秩序持续稳定发展（张仲仁，1988）。第六，邓小平 1992 年的“南方谈话”指出了发展外向型经济的重要性，要注重经济发展的效益和质量。第七，同年 10 月，党的十四大进一步明确了要以经济建设为中心，谋求发展（人民出版社，1996；沈雁昕，2019），这标志着对经济改革理论的认识达到一个崭新的阶段（张卓元，2019）。

二、第二阶段（1993～1997 年）

在中国经济发展进程中，第二阶段为党的十四届二中全会（1993 年）至党的十五大（1997 年）。第一，1993 年 3 月在京召开的党的十四届二中全会特别指出，要深化改革，探索社会主义市场经济的一条道路。第二，在国家经济环境紧张之际，为了抑制社会经济供需关系严重失衡以及通货膨胀等经济现象，国家把握发展机会，加快深化改革步伐，发布了加强国家经济宏观调控的指导意见。该项红头文件在货币发行、金融机构贷款、金融储蓄、金融改革、债券发行、外汇管理、房地产市场管理、税收以及物价改革等方面明确提出了16条措施来为过热的经济降温（张琦，2019）。第三，党的十四届三中全会明确了关于市场经济问题的讨论与决定，主要有如下几点：其一，发现并重视经济体制在发展改革进程中出现的艰难任务；其二，不断深化国有企业体制改革，加快解决企业改革中不同层次的矛盾，大力推进企业制度创新，建立健全现代化企业经营制度。市场经济体制的框架结构包括：完善了市场监管制度，积极培育完备的市场体系；政府从过多干预经济逐渐转变成运用经济、行政以及法律等手段管理中国经济，深化改革；健全宏观调控体系；合理调整个人收入分配，建立保障制度，促进经济的和谐稳定（张卓元，2019）。可见，党的十四届三中全会进一步推进了计划经济、市场经济、金融以及财政制度等方面的相互融合和制约。第四，1994年，分税制改革在中国财税体制改革历史进程中的地位屈指可数，该项财税体制改革的实行不仅提高了中国财政收入，还提高了财政收入在国民生产总值中所占的比重，改革成功地实现了经济"软着陆"，同时，也确立了宏观调控在中国经济中的地位（张琦，2019）。第五，1995年召开的党的十四届五中会上强调了两个转变：一是从经济体制的转变，从计划经济转向社会主义经济体制；二是经济增长方式的转变，从粗放式转向集约式经济增长（洪银兴，2019）。第六，1997年，党的十五大提出：其一，建立健全市场管理体制改革，积极发挥市场体制对资源配置的作用；其二，在前期深化国有企业体制改革的经验基础上，进一步深挖出有助于深化企业体制改革的具体且有效的政策措施；其三，在建立健全现代宏观经济调控体系方面，党的十五大报告在总结了诸多有助于实现宏观经济调控体系的经验基础上，提出了一系列有效指导方针：（1）抑制通货膨胀，维持经济发展平衡。（2）掌握好宏观经济调控力度等。其四，大力发展科学技术，促进经济结构的优化和升级。

三、第三阶段（1998～2012年）

在中国经济发展进程中，第三阶段为党的十五届三中全会（1998年）至党的十八大（2012年）。第一，党的十五届三中全会通过了关于农业以及农村方面的问题，明确强调了"三农"问题是关乎中国经济的重大问题，提高农民生活水平、加强农业的基础地位以及维持农村经济的高效可持续发展，才能助推中国经济社会发展；针对“三农”问题，明确提出如下指导意见：(1) 保障农民的合法权益，充分发挥农民的积极性，提高农村生产率；(2) 建立、健全农村公有制体系，有效实现农村集体所有制；(3) 坚持市场调节与政府干预相结合，助推中国农村经济发展；(4) 重视农村农业发展，巩固和加强农业地位。第二，1999 年 9 月，党的十五届四中全会强调建立并完善市场经济体制，推进产学研结合，继续加大对外开放力度，大力开发各类市场，维护经济秩序，为全面建立和完善市场经济体制提供保障。第三，在 2002 年召开的党的十九大，指出新型工业化的理念，新型工业化强有力地体现了中国在转变经济增长方式。所谓新型工业化道路，顾名思义，是由农业经济转向工业经济必经的一条新型工业化道路，结合了信息化与工业化，具有低污染、高收益等特征（洪银兴，2019），重视科学技术与经济的高度结合，协同发展，鼓励科学技术的创新，加大对科技的研发强度，完善科技的体系，促进科技的快速发展。同时，党的十六大也强调产业结构升级的重要性；发挥农村经济在经济发展过程中的重要性，统一规划、协同发展城市经济和农村经济，加速城镇化的进程；统筹规划、协调发展，降低区域经济发展不平衡程度；建立健全饱含竞争、开放、有序、统一等特点的现代化市场体系；加大对外开放力度，扩大中国贸易进出口额，发挥国内以及国际双市场，提高资源优化配置的效率，实现更广大人民的就业（江泽民，2002）。第四，2003 年召开的党的十九届三中指出要重视科学发展观。全会在市场经济体制、对外开放、扩大就业等方面提出了有助于中国经济发展的指导方针，如进一步完善中国市场经济体制，找到适合各地区健康发展的道路；尽可能满足人民的需求，扩大就业岗位；推动城镇化稳步向前，保障流动人口健康权益可及性，将城市与乡村的劳动力市场进行统一，提供更多的就业岗位；大力推进中国市场的开放程度。对内开放，促进劳动、资本以及技术等要素的流动，提高资源配置效率；对外开放，增强中国在国际市场上的地位以及话语权。第五，2004 年 9 月，党的十六届四中全会强调要坚持政府关于扩大内需的引导方针；加强实行财政政策，增加政府财政收入；继续实行稳定的货币政策，保持金融市场的稳健发展；加快深化企业制度改革的步伐；扩大中国市场的对内对外开放程度，大力推进中国经济结构的调整和升级，更进一步地提高中国经济的质量（《十六大以来重要文献选编》编辑组，2005）。第六，2006 年 12 月，在中央经济工作会议强调指出：加快推进结构转型与调整；提高企业的技术创新水平，节约资源，提高资源配置效率，保护生态环境；促进中国市场中要素流动，提高资源配置效率。实现中国经济由重视发展速度转变为重视发展的质量和效益，这种经济发展观念的转变对中国经济发展具有重要的意义。第七，2007 年 10 月，党的十七大报告在前人理论基础上更为完整地概括“科学发展观”的内涵，具体概括为：经济发展是关键，坚持以人为本，坚持经济全面持续发展。报告还提出如下引导方针：（1）转变中国经济的发展方式，构建生态文明建设，保护资源环境。（2）提高中国企业自主创新能力，走中国经济创新型发展道路。（3）加快完善市场经济体制建设，积极强调市场在经济运行当中的作用。（4）加快发展信息技术与现代化服务业、农业等产业的融合发展，促进中国经济社会发展。（5）着力推进中国城市经济与乡村经济协同发展，加快城乡基础设施、公共服务等要素的完备，形成一体化发展新格局。（6）鼓励更多的劳动者自主创业，扩大就业岗位，营造良好就业环境。此外，党的十七大报告提出了新的发展思路：加大创新投入，统筹城市经济与乡村经济的协调发展，重视节约自然资源和保护生态环境等（冯石和刘焕明，2008）。政策方面，党的十七大报告明确强调：摒弃转变经济增长方式，其中包括：（1）由依靠出口带动、投资的经济增长路径转变为依靠出口带动、消费、投资“三驾马车”“并驾齐驱”的经济增长路径；（2）经济发展道路由能源资源消耗型转变为集约型经济发展方式（洪银兴，2019）。第八，2008 年 10 月，党的十七届三中全会强调中国经济改革要坚持转向社会主义市场经济，坚持走一条具有中国特色农业现代化的道路，进而稳固加快推进社会主义现代化。第九，2010 年 10 月，党的十七届五中全会明确强调“十二五”规划是加快中国经济发展方式的关键因素，对实现中国经济长期稳健发展具有重大意义。积极扩大国内需求，保持国内经济稳定发展；加快产业结构调整与转型，优化投资需求，形成出口、消费、投资协同发展；加快建设现代化产业，提升国际竞争力；积极推进城市与农村经济协调发展，促进中国区域和谐发展；加快基础设施、公共服务建设，扩大就业机会，积极提升国民收入。第十，2012 年 11 月，党的十八大报告中明确强调：立足于中国现实，实现中国经济健康可持续发展；处理好政府干预和市场调节之间的关系，积极发挥市场机制调节的作用最大化；加大对科技资金投入，实施创新发展战略；大力改善国内供需结构，优化产业、经济结构，实现城乡经济一体化协调发展，以及实现中国区域的协调发展（樊士德和沈坤荣，2013）。

四、第四阶段（2013 年至今）

在中国经济发展进程中，第四阶段是党的十八届三中全会（2013 年至今）。第一，2013 年召开的党的十八届三中全会指出，要将维持中国经济总量平衡作为宏观经济调控体系的主要任务，大力促进经济结构转型和产业结构不断优化，降低经济周期波动产生的消极影响，防范和化解系统、区域性风险，促进中国经济健康平稳持续的发展（张琦，2019），明确指出要加快实施金融体制、财税体制改革，同时将“简政放权”作为深化经济体制改革和宏观经济调控的首要任务，让改革释放最大限度的“制度红利”。第二，2015 年召开的党的十八届五中全会提出了第十三个五年规划的若干建议，提出了经济发展的五大理念，理念的提出与落实对实现中国经济高效率发展、可持续发展以及高质量发展具有重要的指导意义（王晓慧，2019）。第三，2017 年，党的十九大报告明确强调了“质量强国”发展理念的重要性，即中国经济已经由高速发展转变为高质量发展。自党的十八大以来，“质量发展”始终被中央政府报告和经济会议作为重要的引导方针。伴随着中国社会主要矛盾的转变，“质量强国”无疑是突破经济发展不均衡的关键所在。中国经济需要从粗放式转向高质量发展，必须摒弃低质量发展。第四，习近平总书记在 2017 年的中央会议上强调，随着中国经济发展方式的转变，说明中国已经步入了新的时代轨道，可以助力社会主义现代化国家建设，可以保持中国经济健康平稳发展。此外，此项会议还指出市场机制的重要性，使国家各项政策都能够协调发展（王晓慧，2019）。第五，2018 年 3 月，国务院政府工作报告中明确强调要正确把握经济形势变化，大力推进中国经济高质量发展（王晓慧，2019）。同时，也给出了如下的政府报告意见：深化“放管服”改革、发展经济新动能、推动供给侧结构性改革；提高创新水平、激发创业活力，大力推进创新型国家建设；推动城镇化发展进程，协调可持续发展，解决发展不平衡难题。第六，2018 年习近平总书记明确强调，中国经济需要产业结构的优化升级；大力推进实体经济发展，实现经济“脱虚向实”；积极深化中国经济体制机制改革（王晓慧，2019）。供给侧结构性方面的改革是促进中国经济追求更高质量、更高收益发展的重要着力点，在实行中国经济高质量发展过程中，要以市场机制调节为导向，提高效率（洪银兴，2019）。因此，在追求经济高质量发展过程中，需求侧市场导向改革理应逐渐转变为供给侧结构性改革。

第二节　中国经济高质量发展的现状

自2012年党的十八大以来，国家一直以“经济高质量发展”为理念，本章将对党的十八大以来的经济发展现状进行梳理、归纳和总结，具体思路是从经济发展的投入质量、过程质量和产出质量三个大方面来对中国经济高质量发展现状进行分析（黄娅娜和邓洲，2019），同时从产业、创新、对外开放和人民生活高质量发展四个方面进行详细论述，进而对中国经济高质量发展的现状和特征有一个清晰且全面的把握和认识。有助于认清现状，明确未来发展方向，对实现中国经济高质量发展具有重大意义。

一、经济发展的投入质量

（一）科学技术的不断进步

新中国成立70周年以来，党的几代领导人不断完善“科学技术进步是第一生产力”的论断，更加明确科学技术进步正在不断提升中国经济质量，成为高质量发展的重要因素。党的十八大以来，中国科学技术水平和科技研发能力不再单单强调数量的增长，更多的是强调质量的提升，因此，近些年中国在科技前沿领域取得了举世瞩目的科研成果，如2021年6月中国神舟十二号载人飞船的成功发射。中国科技整体水平从量的增长向质的提升加速转变，重点前沿科技取得了一批具全球影响力的原创成果（黄娅娜和邓洲，2019）。中国的科学技术水平在稳步向前发展，据统计，当前中国的科技基础设施共有约50个，逐渐迈入国际行列，LAMOST和500米口径球面射电望远镜、中微子振荡波、大亚湾反应堆中微子实验、墨子号量子科学卫星、中国散裂中子源为我国的相关科学研究奠定了良好充实的基础。同时，随着我国一批重大工程的实施，相关产业的技术水平得到强有力的升级，如载人航天飞船的成功发射、探月事业的发展、国产大飞机的投入运营、蛟龙号载人潜水器、北斗卫星导航的建立、中国超级计算机的进步、航空遥感系统的设计、复兴号动车组列车的运营等。另外，科技研发的资金投入和科技成果的产出均呈现出持续快速的增长趋势，科技投入方面，2019年中国全社会研发支出金额达到2.17万亿元，在2018年的基础上增长10.15%，占GDP比重为2.19%；科技成果产出方面，无论是发明专利申请量以及授权量，还是有效发明专利保有量，中国都科技产出成果方面都取得了不错的成绩，2019年的科技进步贡献率达到59.5%。同时，中国技术交易额与科技投入和产出呈现显著的正向关系。2019年中国技术交易总额高达2.24万亿元，在2018年的基础上增长26.55%①。综上，不管是科学技术资金投入还是科研产出成果，中国都呈现快速增长趋势。

（二）能源生产结构和消费结构的不断改善

党的十八大以来，国家已经将保护生态环境上升到国家重大发展战略，注重人与自然和谐共生，构建能源资源节约型经济社会已成为当下主流经济发展模式。在这样的经济背景下，能源投入、资源等要素的投入结构得到了改善，对生态环境污染少的可再生、清洁能源所占的比重大幅提升。在能源生产、供应方面：根据国家统计局统计，在中国能源整体生产框架中，原煤的比重从2009年的76.8%下降到2018年的68.3%，2019年原煤产量达到38.5亿吨，在2018年的基础上增长4%；原油的比重从2009年的9.4%下降到2018年的7.2%，2019年原油产量达到1.91亿吨，同样地，比上年增加0.9%；而同期天然气的比重从4%提高到5.7%，2019年天然气的产量达到1761.7亿立方米，在2018年基础上增长高达10%②。可见，总的来看，2009~2019年中国能源生产总量呈现平稳持续增长的趋势。此外，从发电量来看，2019年电力产量为75034.3亿千瓦时，比2018年的71117.73亿千瓦时增长5.5%。电力（风、水、核电）的比重从2009年9.8%提高到2019年的18.4%。其次，在中国能源生产结构中，2019年原煤、原油、天然气、电力（水、核、风电）的比重分别为68.8%、6.9%、5.9%、18.4%，相比较2010年的76.2%、9.3%、4.1%、10.4%，原煤及原油所占的比重均是下降的，分别下降为7.4、2.4个百分点，而天然气以及电力却是上升的，分别提高了1.8、8个百分点。综上，清洁、可再生能源在中国能源结构中的地位持续攀升。最后，中国在国内大力开采能源的同时，还不断扩大能源进口。据相关数据统计，2019年原煤、原油以及天然气的进口量分别为29967万吨、

① 科技部发布的数据。

② 国家统计局发布的数据。

50572 万吨、9656 万吨，同比增长 6.3%、9.5%、6.9%。在能源消费方面：首先，截至 2019 年，中国能源消费整体呈现增长趋势，其中天然气消费的增速最高，达到 8.6%①。其次，中国能源消费结构呈现煤炭、石油、清洁能源三足鼎立的局面，且随着清洁、可再生能源所占比重的持续上升，中国的能源消费结构将进一步得到优化。

（三）劳动力素质不断提高

党的十八大以来，中国不断加大对人力资本的投入力度，同时给中国国民营造一个健康稳定的成长环境，且在不断优化这种环境，进而使得我国劳动力素质不断提高。据国家人力资源和社会保障部的统计，2012～2018 年，约 1000 万人获得专业技术资格职称，另有 6 万多新增的博士后人员（黄娅娜和邓洲，2019），截至 2018 年，中国约有 18.2 万享有特殊津贴的专家，另有人才工程入选 5700 多人（岳昌君等，2020）。由此可见，国民的素质呈现不断提高的趋势。随着国民素质的提升，中国的人力资源整体也在不断发展。根据国家统计局的统计，2020 年，中国研究生招生规模达到了 111.4 万人，比 2018 年增加 25.6 万人；2020 年中国研究生毕业人数达到 72.9 万人，比 2018 年增加了 12.5 万人，国民受教育规模持续扩大。同时，劳动力素质的提高有力推动了我国经济高质量发展。截至 2018 年，国家建设高技能人才培训基地达到 107 个②，可见政府高度重视对高技能人才的培养（岳昌君等，2020）。

（四）数据信息的脱颖而出

数据信息的引领作用主要概括为如下几个方面；（1）淘汰落后产能，促进工业平稳可持续发展；（2）合理调整农业、服务业等产业结构，扩大市场供给；（3）节约资源并对生态环境予以高度重视，降低二氧化碳排放量；（4）提高医疗资源配置效率，实行资源的高效运转（黄娅娜和邓洲，2019）。中国研发全球数据信息方面的技术，也取得了非常快的进步，正在争取早日成为数据资源大国。在信息时代的背景下，中国企业在不断提升处理和应用数据信息的能力，如云计算技术、物联网应用技术、智能终端、大数据技术、

---

① 《中国能源大数据报告》（2020）。

② 国家统计局发布数据。

通信技术、卫星导航等。截至2020年，中国数字经济发展总量居全球第二，在信息化时代，数字经济对中国经济高质量发展具有重大意义。

二、经济发展的过程质量

（一）能源效率的发展趋势

关于中国能源效率的发展趋势，主要从能源利用效率、能源消费及能源转化效率三个方面来进行阐述：第一，随着国家对能源相关政策发布，政府工作要将保障能源摆在首位；大力提倡低碳绿色发展；不断深化能源改革，追求高质量、高效益发展。近年来，中国能源行业加大节能技术研发资金投入，积极提升能源效率水平，积极构建资源节约型、能耗降低型的经济社会。在这样经济发展背景下，中国单位GDP能耗呈现持续下降趋势，能源利用效率水平呈现持续提升的趋势。据《中国能源大数据报告（2020）》相关数据统计，中国2019年GDP消耗同比下降2.6%。第二，就中国能源消费弹性系数而言，据《国家统计局》相关数据测算，中国能源消费弹性系数由2011年的0.76降至2015年的0.14，而后又回升至2019年的0.54，中国经济发展对能源消耗的依赖程度呈现先降低后上升的趋势。可见，中国能源消费弹性系数呈现继续回弹之势。第三，根据相关数据统计，2017年中国能源加工效率达到73.7%，相比于2013年的73%有所增加，中国能源转化效率呈现持续提升的趋势①。

（二）生态效益的提高

出口型经济极大地推动了中国经济发展，也令中国付出了环境污染、资源耗竭的巨大代价（陈曦和周鹏，2020）。党的十八大对生态文明的发展战略、发展路径、发展理念以及发展目标等四大方面展开论述（郭彦迪和李晓乐，2020）。发展战略方面：国家将生态文明建设作为中国经济社会发展的重要战略，将建设生态文明提升到“五位一体”层面的高度。由此可见，政府已经坚定了要建设生态文明体系。为了进一步加强环境保护的思想意识，中国开展了一系列有效的工作，不断加速推动绿色发展，促进中国经济由能源资源过度消耗型增长路径逐渐转变为绿色环保增长路径。2017年，中国用

---

① 《中国能源大数据报告》（2020）。

于生态环境污染治理的投资总额达到9539.0亿元，在2010年的7612.19亿元的基础上增长了25.31%。其中，2017年城市环境基础设施投资额达到6085.7亿元，废气治理完成投资额达到4462628万元，废水治理完成投资额达到763760万元。碳排放方面：（1）据相关数据统计，2019中国人均碳排放量约为7吨，在2000年2.5吨的基础上，年平均增长了9%，但远远低于全球人均二氧化碳排放量[①]。（2）由于中国政府在节能减排和能源技术进步方面取得的科研成果，中国的单位国民生产总值能耗密度在2004～2019年呈现持续下降的趋势。中国的生态效益在政府政策的引导下大幅度提高，空气质量也有显著改善。在改善空气质量方面，根据《中国空气质量改善报告（2013～2018年）》相关数据统计，自2013年以来，二氧化硫、PM2.5等大气污染物浓度呈现大幅度降低趋势，如二氧化硫排放量的平均浓度降低68%，PM2.5的平均浓度降低42%[②]。中国城市的空气质量得到了较大改善。

（三）经济效益的提高

党的十八大以来，中国企业不断通过深化改革、科技创新、产业结构调整等积极投身经济高质量发展，不断提高中国的经济效益。（1）根据《国家统计局》的相关统计，2020年GDP总量达到了约100万亿元，在2000年国民生产总值总量的基础上扩大了10倍；（2）新冠肺炎疫情的突然暴发，冲击了各国经济的发展，中国经济不减反增，国民生产总值逆势增长2.3%；（3）2020年中国出口贸易总额达到17.93万亿元，进口贸易总额达到14.07万亿元，外贸总额跃居全球首位[③]；（4）2020年中国居民人均收入增速呈现正向增长趋势，并且城市居民收入与农村居民收入的差距在不断缩减。

三、经济发展的产出质量

（一）国际分工地位不断提升

中国在科技改革、转换发展阶段、资源禀赋变化、国际经济的再平衡等因素的推动下，逐渐深入参与到国际分工中（黄娅娜和邓洲，2019），在国

① 《中国环境统计年鉴》（2018）。

② 《中国空气质量改善报告》（2013～2018）。

③ 《2020年国民经济和社会发展统计公报》《EPS全球统计数据库》。

际分工中的地位显著提高。同时，在全球价值链分工逐渐深化进程中，中国理应抓住发展契机，促进自身经济、产业结构的调整和优化，将自身比较优势最大化展现，积极且深入地融入全球价值链中，并实现自身地位在全球价值链中的不断攀升（于畅和邓洲，2020）。中国在竞争优势、国际投资以及全球价值链的地位攀升三大方面的巨大转变，大力促进了中国国际分工地位的提升。在竞争优势方面，加快实现单调且廉价的劳动力逐渐转变为丰富要素综合优势，如较为完备的基础设施建设以及高素质工人代替普通劳动力（黄娅娜和邓洲，2019）。在国际投资方面，据《2019 年度中国对外直接投资统计公报》数据统计：（1）2019 年中国对外投资额提高到 1369.1 亿美元，比 2016 年的 1961 亿美元相比，年平均下降了 6.04%。（2）中国对外投资范围覆盖全球逾 80% 的国家或地区；在"一带一路"倡议政策背景下，2019 年对"一带一路"沿线国家实现直接投资额达到了 186.9 亿美元。（3）中国逐渐进行多元化投资，投资领域逾 80% 在服务业。（4）中国对外投资企业向所在国国家征收税收达到 560 亿美元，解决东道国就业人员数量达到 226.6 万人。在实现全球价值链的地位攀升方面，根据相关数据统计，2018 年中国高技术产品出口额 7430.4 亿美元，进口额达到 6655.3 亿美元①。

（二）经济规模和国际竞争力水平不断提高

党的十八大以来，中国经济逐年增加，经济规模总量不断扩大。国家统计局数据显示，2020 年中国国民生产总值（GDP）达到 101.6 万亿元；2020 年中国居民人均收入达到 32189 元，其中城乡居民人均可支配收入差距为 26703 元，与 2019 年城乡收入差距持平；2020 年中国产业结构转型升级取得巨大进展，高技术产业、制造业增加值分别增长 7.1%、6.6%。在经济高质量发展的同时，城市空气环境质量有着较大改善，每万元 GDP 能耗下降，城市 PM2.5 浓度下降在上年基础上降低 8.3%②。

（三）分配的合理化、公平化

党的十八大以来，中国的社会保障工作取得了一定的成效。根据《中国社会保障发展报告（2020）》的数据显示，截至 2019 年末，中国基本医疗、

① 《2019 年度中国对外直接投统计公报》

② 《2020 年国民经济和社会发展统计公报》。

养老保险基本实现区域全覆盖。其中，基本养老保险的参保人数达到96700万人，参加基本医疗保险人数达到13.54亿人，覆盖面更是达到95%。2020年是中国脱贫攻坚取得全面胜利的收官之年。截至2020年末，中国农村贫困人口摆脱贫困的人数达到9899万人，全部摘帽的贫困县数量为832个，全部出列贫困村数量为12.8万个。据相关数据统计，自党的十八大以来，中国平均年脱贫人数高达1000多万人；贫困地区供电覆盖率高达99%，网络覆盖率达到98%；新增铁路、农村公路分别为3.5万、110万公里。总体而言，在中国共产党的带领下，中国迎来了大幅人口脱贫、提高贫困户生活水平、积极改善贫困地区面貌的大好局势。

四、经济发展的现实困境

新时代实现中国经济高质量发展，对中国来说既是千载难逢的发展契机更是不可小觑的巨大挑战。分析中国经济高质量过程中面临的现实困境和难题，有助于对经济高质量发展有一个清晰且全面的认知，在现实困境的基础上提出相应的且有效的解决措施，为促进中国经济高质量发展提供一定的借鉴意义。（1）产业高质量发展。新兴经济的发展离不开与传统经济的融合，然而新兴经济与传统经济之间存在较大的差异，传统经济结构相对落后，应该继续对产业结构进行升级与优化。此外，中国产品需要提升在国际市场上的竞争力，提高经济利润（余泳泽和胡山，2018）。（2）创新作为经济高质量发展的重要因素，而高素质人力资本又是创新最为关键的因素，可见，高素质人力资源已经成为中国经济高质量发展的决定性因素。（3）对外开放高质量发展。中国的外贸市场过度集中，太过单一化，外贸风险持续扩大；中国产品的研发技术有待提升，更多的是依赖于进口，出口产品附加值低进而导致国际竞争力弱；中国服务贸易在外贸中所占比重增加，然而服务贸易发展相对滞后（余泳泽和胡山，2018）。（4）人民生活高质量发展。城市与乡村之间的收入差距逐渐拉大，一些基础公共服务发展不均衡，生态环境污染进一步恶化（余泳泽和胡山，2018）。

针对中国经济发展过程中存在的现实困境提出如下对应的解决对策或措施：（1）产业高质量发展方面，积极鼓励企业进行创新，促进产业机构转型升级，加大国家对科研保障力度，提高产业整体效率，充分利用好市场这只无形的手，优胜劣汰机制会淘汰落后产能，解决好经济发展过程中产能过剩的问题。

促进产品多元化发展，提高产品附加值，提升中国产品在国际市场竞争力，以解决中国产品长期处于全球价值链低端的困境。(2) 中国教育体系理应注重学生提升自主创新能力，为学生创造良好的成长环境，发散学生思维，充分激发学生创新积极性。此外，理应加大对科研的人力、物力投入，积极培养创新型高素质人力资本。(3) 改善中国外贸粗放式的发展模式，引导中国外贸市场多元化发展，降低由于贸易摩擦等政治因素对中国外贸带来的负面冲击；积极学习国外高端的技术和先进的管理经验，大力引进高端人才；建立健全中国有关自主知识产权法律法规，同时加大投入核心技术等；推动服务贸易、产业结构转型的升级。(4) 加强环境规制，淘汰一些高污染、高能耗企业，大力推进可再生能源和清洁能源的使用，大力宣传低碳出行方式和低碳经济的消费方式，建立健全环境治理相关的法律法规，积极改善中国空气环境质量。

第三节　中国经济高质量发展的主要实践

中国经济的高质量发展不仅体现在经济领域，而且广泛体现在政治、社会、文化、生态等领域，呈现出全面性和多元化等特征（王彩霞，2018）。理论可以指导实践，同时实践也是理论研究的出发点。中国经济高质量发展不仅要“稳中求进”，还要以“供给侧结构性改革”为主线，在此基础上，实施“创新驱动战略”，积极构建现代化经济体系，缩小城乡居民收入差距，实现共同富裕，重视生态环境保护（王彩霞，2018）。

一、“一带一路”新征程

习近平在 2013 年提出的“一带一路”倡议，目的是与周边国家搭建区域合作平台，积极应对瞬息万变的国际形势，促进中国经济高质量发展（钟实，2017）。中国企业与国际市场接触更加频繁。2019 年 4 月在京举办的第二届“一带一路”国际合作高峰论坛，在政策对接、基础设施建设、可持续发展、区域合作、人文交流等方面有着良好的沟通，为开启高质量携手共建“一道一路”新征程奠定了良好的基础（郭朝先和刘芳，2020），进而促进我国经济高质量发展。根据国家统计局相关数据统计，截至 2021 年 1 月，中国已经与“一带一路”沿线国家共同签订了 205 份合作文件。为了加速优化

“一带一路”征程的经济发展环境，截至2021年3月，已经有39个国际机构签署了《“一带一路”绿色投资原则》。

二、京津冀协同发展

习近平在2014年提出的“京津冀协同发展”战略，已经上升为当前国家发展的三大发展战略之一。京津冀协同发展有助于中国区域经济结构的转型升级（钟实，2017）。2020年是京津冀协同发展的6周年，也是中期目标节点之年。京津冀协同发展的报告表明：（1）京津冀交通基础设施建设取得巨大进展，如京张高铁、大兴国际机场等项目的建设；（2）“三区一基地”取得巨大成效。如河北自贸区的建立带动了全省经济的增长；2019年全省城镇化率达到57.62%；脱贫攻坚也取得了明显成效，贫困村脱贫数量为7746个；生态环境质量也大大改善，2019年全省PM2.5浓度较2015年下降32.2%[①]。京津冀协同发展，为中国经济高质量打下了良好的基础。开展建设如雄安新区、打造大兴国际机场、联动发展延庆——张家口等国家重大项目，大力推动中国经济高质量发展。

三、大众创业、万众创新

李克强在2014年的论坛上提出了“大众创业、万众创新”，党的十九大报告明确，创新是构建现代化经济体系的重要部分，积极构建创新型国家(王晓慧，2019)。国务院又在2018年推进了双创政策的意见，明确强调，中国经济高质量发展对推动“双创”提出了较高的要求，理应深入研究实施“双创”战略的举措。第一，优化并升级创新创业环境，激发创新创业的活力；第二，扩大对创新创业的财政补贴，建立健全创新创业法律法规和知识产权保护体系；第三，积极推进创新创业人力资本建设，鼓励科研人员投身创业人才队伍，积极对大学生组织培训；第四，积极推动创新创业平台的建设，提升创新创业孵化机构的水平，持续推进工业化与信息化的高度融合；第五，降低创新创业的融资门槛，拓宽创新创业的融资渠道，完善金融扶持政策，充分发挥金融服务推动创新创业效用的最大化；第六，大力推进创新

---

① 河北省统计局发布。

创业集聚区建设，发挥集聚区的规模经济效应和技术外溢效应，积极推动企业间相互交流与学习。

四、中国制造 2025

2015 年 5 月，《中国制造 2025》的签批，标志着中国实施制造强国战略正式拉开序幕。《中国制造 2025》将智能制造作为主线，如推动工业机器人等自动化技术在全国大范围内生产和应用。《中国制造 2025》针对经济发展提出了五大指导方针：第一，创新驱动。坚持推进以创新为核心的制造业发展，不断促进创新制度环境的优化与升级，实现区域协同创新发展，大力推进制造业智能化发展，走创新型发展之路。第二，质量为先。将制造业产品的质量放在优先考虑的位置，加强质量监管，建立健全产品质量标准体系，提升中国制造产品的附加值，进一步提升中国产品在国际市场竞争力。第三，绿色发展。杜绝追求经济发展而恶化生态环境的做法，走绿色发展道路。坚持将可持续发展作为制造强国的基本准则，促进制造业企业提升技术创新能力，积极推广环保节约型技术，降低能耗和生态环境污染，走一条绿色发展的低碳经济之路。第四，以人为本。创新发展离不开高素质人才建设，扩大科研人力，财力投入，经济培育高素质人才，努力学习国外先进技术，积极引入高质量人才。第五，大力推动中国产业结构转型升级，顺应数字经济发展潮流，以数字经济的发展制造业产业结构转型升级。

五、"三去一降一补"改革

2015 年 12 月，"三去一降一补"战略的实施对中国实现经济高质量发展具有重要意义。"三去一降一补"改革内涵主要包括五大方面：第一，在相关政策体系的监管下，以市场调节作为引导，激励企业提升自主创新能力，淘汰落后产能，解决产能过剩问题。第二，在推进城镇化进程中，让农民工融入城市，市民化，扩大市场有效需求，保持供需渠道通畅，消化市场库存。第三，加强金融市场的监管，积极防范化解金融风险。第四，在减税降费背景下，进一步降低实体经济的各项成本，帮助企业降低生产、经营成本。第五，加强基础设施以及公共服务设施，大力提高资源配置效率。

根据国家统计局的统计数据，在"去杠杆"方面，截至 2019 年，中国债转股——“去杠杆”重要实现途径，签约完成额高达 2.3 万亿元；在去库存方面，2019 年中国房地产待售面积 50928 万平方米，在 2016 年的 69539 万平方米的基础上降低了 26.73%；在去产能方面，2016 年淘汰煤炭产业落后产能达到 8.1 亿吨；在降成本方面，2019 年（1～5 月）整体减税降费金额高达 8930 亿元[①]；在补短板方面，中国脱贫攻坚也取得了较大成效，城乡基础设施和公共服务等建设已范围覆盖。

六、金融供给侧结构性改革

李克强在 2019 年明确要深化供给侧结构性改革，更要发挥金融供给侧结构性改革，这对中国经济高质量发展具有重大意义（尚福林，2019）。纵观我国金融发展史，我国金融得到了良好的发展，特别是党的十八大以后，银行业改革、资本市场发展、保险行业革新不断深化，金融产品、机构体系、金融市场、运营机制等金融各领域改革全面加速（尚福林，2019）。作为数字经济与普惠金融有机结合的数字普惠金融的发展，突破金融可达性的空间限制，让更偏远的地区享受金融服务；降低了金融可获得性的门槛；提升了金融资源的配置效率，同时一系列便捷的数字化金融服务在一定程度上促进了我国的产业发展；银行网点实现了全覆盖，提高了金融服务的可得性以及便利性（尚福林，2019）。只有更好地发挥金融的作用，才能促进我国经济持续健康的高质量发展。

七、互联网“新基建”

中共中央政治局常务委员会在 2020 年召开，会议强调要推进 5G 网络等新型的基础设施，“新基建”成为热点关注的话题（陈渌萍等，2020）。目前，我国互联网发展较快，产业融合创新水平得到提升，有力促进了我国经济高质量发展。目前，互联网以及技术的高度融合应用广泛，逐渐涌现出了“平台 +5G”“平台 + 人工智能”“平台 + VR/AR”“平台 + 区块链”等“平台 +”的创新解决方案（陈渌萍等，2020），同时国家大力兴建国家工业互联网大数据中心，促进数字资源的共享。

---

① 国家统计局数据。

第六章　绿色金融与经济低碳化：基于减排效应的研究

第一节　引　言

自全球进入后“京都时代”，国际经济外交逐步聚焦于气候变化和生态环境保护问题，其中与工业发展紧密相关的碳排放问题已然成为各个国家在经济发展过程中需要权衡的重要因素。然而，当前有学者提出在各国现行政策下，预计2030年温室气体排放量比2015年仅减少约5.5%，该数值低于各国在国家自主贡献（NDCs）中承诺的减排量，因此各国需进一步加强减排政策力度（Roelfsema et al.，2020）。为深度参与全球气候治理，中国在“十二五”“十三五”相继承诺落实减排政策，并提出实现石油、煤炭消费所减少的碳与天然气消费所增加的碳的增量对冲。现阶段，中国处于经济转型时期，保持金融发展和碳排放的杠杆平衡，是发展经济绿色的关键之举。

值得说明的是，金融发展是经济收益的衡量手段，而控制碳排放是经济转型的重要目标，二者之间息息相关。目前，学界就金融发展与碳排放的关系，主要有以下三种观点：第一，金融发展会增加碳排放。顾洪梅和何彬（2012）的研究发现，金融发展会促进工业化进程，而工业化会进一步导致碳排放的增加。特别指出，《气候变化公约》和《京都议定书》中规定以国家责任来界定碳排放权，区分了发达国家和发展中国家在不同阶段的排放权，国际社会基本倾向于发展中国家有更多的排放权（Yao，2012）。基于对发展中国家的研究来看，布塔巴（Boutabba，2014）、阿里（Ali，2015）、希德等（Syed et al.，2017）、阿苏马杜－萨科齐和奥乌苏（Asumadu-Sarkodie and Owusu，2017）分别利用印度、巴基斯坦、塞内加尔的数据考察金融发展与碳排放之间的关系，结果均发现金融发展会显著增加碳排放。熊灵和齐绍洲

(2016) 基于 STIRPAT 模型，利用中国省级面板数据具体研究金融发展与碳排放之间的关系，发现金融发展的财富和规模效应大于金融发展的技术和结构效应，最终金融发展导致碳排放的提升。张丽华等（2017）利用 SYS-GMM 模型进一步估计中国金融发展、区域创新与碳排放之间的关系，其结论为金融发展会显著增加碳排放，但区域创新可以显著减少碳排放。第二，金融发展对碳排放的影响不确定。依兰和阿里（Ilhan and Ali，2013）选取研究国家对象为土耳其，发现金融发展对碳排放并不具有显著影响。并且，多甘和塞克（Dogan and Seker，2016）在研究可再生能源大国的碳排放过程中，发现金融发展对碳排放的影响同为不显著。考虑到国家间的异质性和金融发展程度的不同，阿奇姆彭等（Acheampong et al.，2020）研究发现，虽然金融发展整体上降低了碳排放，但在各国金融发展的不同阶段，金融发展对碳排放的非线性影响和调节作用也有所不同，综合影响效应不能确定。以不同收入样本为例，伊希贾穆索（Ehigiamusoe，2019）通过研究发现，金融发展减轻了高收入组的碳排放，但对低收入和中等收入组却有加剧影响。第三，金融发展与碳排放之间呈现非线性关系。从全球视角来看，查尔费丁和赫迪里（Charfeddine and Khediri，2015）利用协整模型发现金融发展对碳排放的影响存在结构突变的现象。具体而言，扎伊迪等（Zaidi et al.，2019）以亚太经济合作组织国家为研究对象，表明金融发展与二氧化碳排放呈现倒 U 型，即金融规模扩大对碳排放呈现先促进后抑制的非线性关系。就中国研究层面来看，胡金焱和王梦晴（2018）、彭智敏等（2018）分别利用全国数据和长江经济带的城市数据，得出金融规模扩大和碳排放之间存在倒 U 型关系，符合环境库兹尼茨曲线的特征。其中在进一步对后期抑制关系的研究中，卡蒂乔格鲁和塔斯皮纳尔（Katircioglu and Taspinar，2017）、周莹莹（2018）认为随着金融发展的深化，金融业的发展从结构上对碳排放产生了一定的抑制作用。综合以上，关于金融发展和碳排放的关系探讨在学界尚未统一，阿德姆（Adem，2020）提出金融发展和碳排放的研究同时取决于所选用的金融发展指标、采用的估算方法以及研究对象和研究时间的选取。

从中国的现实情况来看，在寻求经济发展的过程中，环境问题日益突出，绿色转型是经济发展的可持续动力（He et al.，2006）。因此，金融业为削减碳排放，寻找实现金融绿色化的新路径，如绿色信贷、绿色证券、绿色保险和绿化债券等（黎丽等，2016）。周（Zhou，2020）等基于环境库兹涅茨曲线理论探究绿色金融对经济发展和环境质量的影响，研究结果表明绿色金融可以显著改善环境状况，且因经济发展水平不同而不同。具体而言，绿色金融政策通过新型金融产品服务于碳减排这一目的，陈（Chen，2018）等研究发现，实施绿色金融政策能有效抑制重污染行业的长期借贷。但是，现有文献鲜有针对绿色金融与碳排放的关系展开研究。节能减排已然成为全球性经济绿色发展的硬性目标要求，而绿色金融作为绿色经济发展的有效方式，究竟在达成目的过程中是顺势而为，还是背道而驰，即绿色金融是否影响碳排放且影响方向如何，这值得深入探究。

基于上述学术背景和现实背景，本章利用2007～2016年30个省份23个工业行业的面板数据，以2012年《绿色信贷指引》的颁布作为准自然实验，将“高污染高能耗”行业作为处理组，非“高污染高能耗”行业则作为控制组，采用双重差分方法具体考察《绿色信贷指引》的颁布对中国工业碳排放的影响，进而验证绿色金融政策是否实现了减排作用。与已有文献相比，本章的边际贡献主要体现在以下三个方面：（1）本章采用《绿色信贷指引》这一绿色金融政策的颁布与否衡量绿色金融这一变量，首次规范地考察绿色金融与碳排放的关系；（2）本章利用DID的因果识别方法具体考察绿色金融政策对碳排放的影响，在尽可能稳健的条件下厘清绿色金融与碳排放之间的因果关系；（3）本章着重考察绿色金融政策对高污染高能耗行业碳排放增量的影响，在实证中进一步考察其区域异质性和行业异质性。

第二节　理论分析与研究假说

本章所提及的绿色金融政策，是指2012年由中国银行业监督管理委员会颁布的《绿色信贷指引》，通过政策的颁布与否来衡量绿色金融政策的实施与否。该政策是我国最为重要的绿色金融政策，其对具体的绿色信贷业务进行了界定。按照该政策指引，各种金融机构的金融业务中实现了绿色信贷。《绿色信贷指引》对信贷行业进行了具体的界定：银行业等金融机构对国家重点调控的限制类行业，以及有重大环境和社会风险的行业制定专门的授信指引，实行有差别、动态的授信政策，实施风险敞口管理制度。金融机构在绿色信贷政策实施过程中具有独立性和主导权，将企业授信额度与企业的污染排放等环境表现相挂钩，达到调整工业行业结构、实现绿色发展的目标，该政策与新时代中国经济发展中碳减排的目标相契合。在政策实行过程中受地方政府影响较小，从而可以反映绿色金融政策对行业的直接影响，有效考察其对行业碳排放的影响。本章主要从企业融资、企业投资以及资源配置三方面探究绿色金融政策和碳排放的关系，如图 6.1 所示。

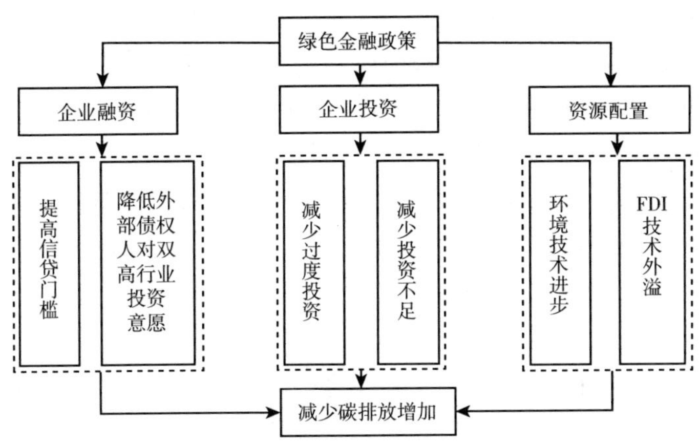

图 6－1　绿色金融政策对碳排放的影响机理

首先，从企业融资视角来看，绿色金融政策提高了高污染高能耗行业的信贷门槛，并且降低了外部债权人对其投资意愿。一方面，信贷政策直接影响到企业的债务问题（Demirguc-Kunt and Maksimovic，1996），企业的债务是构成行业债务的基础（1996；Mitton，2008）。具体来说，绿色信贷政策主要限制了高污染高能耗行业获得贷款的机会，实现限制高污染高能耗行业发展的目的（Liu et al.，2019）。但并非绿色信贷政策出台之后，高污染高能耗行业就立刻减少或者关停，其正常的经营仍然在继续（陈琪，2019）。绿色信贷政策只是影响其获得银行贷款的增加，已经获得的银行贷款是不受限制的。由此可见，绿色信贷政策限制高污染高能耗行业获得银行新贷款的机会，从而限制了高污染高能耗行业进一步规模扩张的可能，对高污染高能耗行业的碳排放增量将产生影响。另一方面，由于政府部门向市场传递企业环境信息，披露和揭发企业污染信息，完善市场监督机制，从而进一步影响外部债权人的投资决策（陈琪，2019）。而外部债权人的投资情况，直接影响企业资金运转、企业运营战略和生产规模，从而影响企业碳排放增量。结合以上两个方面，在企业融资层面，绿色金融政策通过影响信贷门槛和外部债权人对其投资意愿进一步影响企业碳排放增量。

其次，从企业投资视角来看，企业会出现投资不足和投资过度的情况

(Richardson, 2006)。绿色金融政策对企业投资的决策会产生一定影响，进而影响企业碳排放增量。现金流量与企业投资直接挂钩，流量过多则投资过多，流量不足则投资不足。一方面，刘（Liu, 2015）等定量计算绿色信贷政策的系统效果，研究发现绿色信贷政策能显著有效抑制能源密集型产业的投资。此外，绿色信贷政策主要限制高污染高能耗行业的债务问题（Zhang et al., 2011）。因此对重污染企业来说，绿色金融政策限制了现金流量过多，遏制其投资水平，从而减少企业碳排放增量。另一方面，对于绿色企业来说，绿色金融政策通过提高授信额度鼓励其投资发展，缓解了其现金流量不足的情况，进而从资金利用的机会成本角度减少了社会碳排放增量。综合以上，在企业投资层面，绿色金融通过改善企业投资不足和投资过度的情况，进一步减少碳排放增量。

最后，从资源配置视角来看，绿色金融政策倒逼产业转型升级影响环境技术进步和 FDI 技术外溢。从环境技术进步角度来看，阿西莫格鲁（Acemoglu, 2012）提出节能减排的环境技术进步，能有效地减少生产过程碳排放量。绿色信贷政策的颁布与否体现企业是否承受了转型压力，绿色金融政策的有效实施能促进企业提高能源利用效率，减少碳排放增量。从 FDI 技术外溢来看，贾沃契克和魏（Javorcik and Wei, 2003）基于"污染天堂假说"，认为高污染高排放的跨国公司更易迁移到环境标准较弱的国家。此外，"波特假说"认为，东道国环境规制标准的提高，会促进跨国企业研发减排清洁技术，从而进一步改善排污污染情况（Porter, 1991）。鉴于此，绿色金融政策的实施不仅限制了高污染行业的无门槛进入，而且鼓励了低污染绿色行业的进入。综合以上两个方面，绿色金融政策通过环境技术进步和 FDI 技术外溢减少了碳排放增量。

由上文分析可知，绿色信贷政策会对不同行业产生不同的影响，进一步从不同行业的视角来看，绿色信贷政策会影响不同行业的碳排放。根据《绿色信贷指引》，主要对三类行业产生具体的影响：第一，高污染高能耗行业，也就是碳排放较多的行业，直接受到绿色信贷的限制。绿色信贷实施之后，其授信难度将会提高，或者被禁止授信。第二，绿色产业，如新能源产业。绿色信贷政策鼓励绿色产业的发展，银行将授信额度首先给予这些绿色产业，鼓励其发展（钱立华, 2016）。第三，既非高污染高能耗，也非绿色产业。绿色信贷政策对这些行业得到银行的授信额度影响不大。根据目前的行业分类，绿色产业还比较弱小，并没有归入具体的行业类别。因此，能够比较的就是高污染高能耗行业与非高污染高能耗行业之间的差异。综合以上，提出如下假说：

假说1：实施《绿色信贷指引》政策之后，高污染高能耗行业的增量碳排放具有减排效应。

德克和盖尔德布洛姆（Dirk and Gelderblom，2017），黄世政和曾海亮（2020）在研究高等教育政策、创新政策时，发现政策的影响效应需要时间过程，因此针对政策的研究需要根据实际政策实施情况探求其影响滞后效应。《绿色信贷指引》政策是一个非强约束力的政策，银行执行《绿色信贷指引》政策需要一个过程。邵科（2018）就中国绿色信贷发展及政策实施情况提出，现阶段关联市场动力不足，政策实施造成的持续性影响有待提升，整体影响具有滞后性。此外，丁杰（2019）在探求绿色信贷政策、信贷资源配置与企业策略性反应的研究中指出，绿色信贷政策对企业信贷融资的约束作用是长期存在的，对企业的投资和全要素生产率的影响需要较长的时间。与此同时，高污染高能耗行业并非均在《绿色信贷指引》颁布时就在申请银行的信贷，所以《绿色信贷指引》政策对高污染高能耗行业的碳排放增量的影响需要一个过程（苏冬蔚和连莉莉，2018）。换言之，绿色信贷政策对高污染高能耗行业的碳排放增量影响具有一个时滞效应（Kang et al.，2020）。综上，在探讨绿色金融政策实施对碳排放增量的影响时，需要进一步考虑时间滞后性。鉴于此，得出如下假说：

假说2：《绿色信贷指引》政策对高污染高能耗行业的增量碳排放的影响具有时间滞后效应。

第三节　计量模型与数据说明

一、研究方法

双重差分法（Difference in Difference）可用于识别政策冲击效应的计量经济学模型。在研究中，经济政策的实施与否一般会对某一地区或者某一些地区产生影响，而对其他地区并不产生影响。双重差分法可以识别经济政策颁布前后，经济政策对实施地区与未实施地区之间的影响差距效应，模型构成两次差分，最终能识别经济政策对某一个地区的净影响。双重差分模型的估计公式表示如下：

$$y_{it} = \alpha_0 + \alpha_1 du + \alpha_2 dt + \alpha_3 du \times dt + \zeta_{it} \quad (6-1)$$

其中，y_{it}为被解释变量；du 为分地区虚拟变量，将受政策影响的地区为处理组，取 $du=1$，将不受政策影响的地区为对照组，取 $du=0$；dt 为政策实施时间虚拟变量，政策实施之前 $dt=0$，政策实施之后 $dt=1$；$du \times dt$ 表示分地区虚拟变量与政策实施时间虚拟变量的交互项，实施政策之后受到政策影响的地区 $du \times dt=1$，否则 $du \times dt=0$。将上述模型的政策效应用简化图形表示，见表6－1。分析可得，双重差分后的系数即为 $du \times dt$ 的系数 α_3。

表6－1　　　　双重差分法的政策效应分析

组别	政策实施前（$dt=0$）	政策实施后（$dt=1$）	Difference
处理组（$du=1$）	$\alpha_0+\alpha_1$	$\alpha_0+\alpha_1+\alpha_2+\alpha_3$	$\alpha_2+\alpha_3$
对照组（$du=0$）	α_0	$\alpha_0+\alpha_2$	α_2
Difference	α_1	$\alpha_1+\alpha_3$	α_3

二、模型设定与变量说明

据研究假说1和双重差分法模型原理，本章构建的模型如下：

$$\Delta CO_{2ipt} = \alpha_0 + \alpha_1 du_{ipt} + \alpha_2 dt_{ipt} + \alpha_3 du_{ipt} \times dt_{ipt} + X\gamma + \zeta_{ipt} \quad (6-2)$$

其中，i 代表行业；p 代表省份；t 代表年份；ΔCO_{2ipt} 为被解释变量，代表某行业的 CO_2 排放量的增量，即后一年的 CO_2 减去前一年的 CO_2 排放量的差值；X 为一系列控制变量矩阵；γ 为控制变量的系数矩阵；du_{ipt}代表受《绿色信贷指引》政策影响的行业；dt_{ipt}为实施《绿色信贷指引》后的年份。其中值得说明的是，α_3 为本章需要关注的系数，若其值为负，说明《绿色信贷指引》政策与 CO_2 增量排放量负向相关，即绿色金融政策实施能起到减排作用。

据假说2，《绿色信贷指引》政策实施对 CO_2 增量排放量的影响具有时间滞后效应，于是我们将模型修正为：

$$\Delta CO_{2ipt} = \alpha_0 + \alpha_1 du_{ipt-1} + \alpha_2 dt_{ipt-1} + \alpha_3 du_{ipt-1} \times dt_{ipt-1} + X\gamma + \zeta_{ipt} \quad (6-3)$$

其中，du_{ipt-1}和 dt_{ipt-1}代表上一期的数值。此时，α_3 为《绿色信贷指引》政策

实施一年后对 CO_2 增量排放量的影响。同时鉴于滞后时间期数不确定，因此在实证中可同时考察滞后二期的估计结果。

在控制变量中，本章分别从行业角度和省域角度两方面进行控制。首先，从行业角度出发，主要控制行业出口水平（*export*），以工业行业出口交货值占销售值的比重来表示；行业利润率（*profit*），采用工业企业利润总额与工业企业工业销售产值之比再乘以 100% 来衡量；行业营收能力（*inc_cap*），采用主营业务收入占实收资本的比重来表示；国家资本占比（*own*），采用国家资本占实收资本的比重来衡量。其次，从省域角度出发，控制人均 GDP（ln*pgdp*），采用人均 GDP 的自然对数表示；万人专利数量（*ppatent*），采用每个省每年的获得数除以总人数再乘以 10000 表示；第二产业比重（*indstr*），采用第二产业占 GDP 的比重表示；财政自足能力（*finc_exp*），采用财政支出除以财政收入表示。

三、数据来源

本章的被解释变量为分省分行业的碳排放数据，主要来源于中国碳排放数据库（CEADs）（Shan et al.，2018，2020）。该数据库在英国研究理事会、牛顿基金会、中国国家自然科学基金委员会、中国科学院等多家研究机构的共同支持下，聚集了来自中、英、美、欧等多国研究机构的学者，共同编纂中国多尺度碳排放清单。

行业控制变量主要来源于 EPS 数据平台的《中国工业经济数据库》，该数据库主要统计工业企业汇总后的行业数据。此外，省份的控制变量主要来源于 EPS 数据库的《中国宏观经济数据库》。

在数据处理过程中，将中国碳排放数据库的分行业与《中国工业经济数据库》的分行业匹配，最后匹配出包括专用设备制造业，交通运输设备制造业，仪器仪表及文化、办公用机械制造业，农副食品加工业，化学原料及化学制品制造业，化学纤维制造业，医药制造业，有色金属冶炼及压延加工业，橡胶和塑料制品业，烟草制品业，电气机械及器材制造业，皮革、毛皮、羽毛（绒）及其制品业，石油加工、炼焦及核燃料加工业，纺织业，纺织服装、鞋、帽制造业，通信设备、计算机及其他电子设备制造业，通用设备制造业，造纸及纸制品业，金属制品业，非金属矿物制品业，食品制造业，饮料制造业，黑色金属冶炼及压延加工业等 23 个行业的数据。值得说明的是，其中海南和青海的工业体系并不完善，只匹配了20个和21个工业行业。依据单位工业增加值能耗的高低，国家将石油加工、炼焦及核燃料加工业，化学原料及化学制品制造业，非金属矿物制品业，黑色金属冶炼及压延加工业，有色金属冶炼及压延加工业，电力热力的生产和供应业等6个行业确定为高能耗行业。由于电力热力的生产和供应业不属于制造业，所以本章仅考虑5个高能耗行业。

基于本章考察的《绿色信贷指引》政策从2012年开始实施，所采用的数据起始年为2007年，最新数据可以更新至2016年，因此最终样本考察期确定为2007~2016年。但由于本章选取的被解释变量为CO_2增量，因此最后研究数据的周期为2008~2016年，主要变量的描述性统计如表6-2所示。

表6-2　　主要变量的描述性统计

变量	定义	样本量	平均值	标准误	最小值	最大值
ΔCO_2	CO_2 排放增加量（mt）	4873	0.205	2.729	-44.300	58.000
export	行业出口水平	4873	0.114	0.827	0.000	37.216
profit	行业利润率	4873	2.975	4.568	-25.321	49.557
inc_cap	行业营收能力	4873	6.434	4.532	0.048	86.561
own	国家资本占比	4873	0.143	0.306	0.000	10.067
ln*pgdp*	人均实际 GDP	4873	10.566	0.517	9.090	11.680
ppatent	万人专利数量	4873	7.171	8.952	0.151	45.856
indstr	第二产业比重	4873	47.244	7.750	19.262	61.500
finc_exp	财政自足能力	4873	2.119	0.810	1.066	6.745

第四节　实证分析

一、基准回归

根据研究假说和模型（6-1），本章采用固定效应模型进行估计，表6-3呈现了相应的估计结果。其中，第（1）列为控制行业—省份固定效应之后，仅考察《绿色信贷指引》这一个政策冲击。结果显示，$du \times dt$的系数高度显著且为负，系数数值为1.071，说明与非高污染高能耗产业相比，《绿色信贷指引》政策的实施使高污染高能耗产业的碳排放量将减少 1.071 千吨。

表 6-3　　基准回归

解释变量	被解释变量：ΔCO_2				
	(1)	(2)	(3)	(4)	(5)
du × dt	-1.071*** (0.286)	-1.067*** (0.286)	-1.072*** (0.279)	-1.063*** (0.277)	-1.071*** (0.278)
export			0.005** (0.003)	0.007** (0.003)	0.004** (0.002)
profit			0.008*** (0.003)	0.007*** (0.002)	0.007*** (0.001)
inc_cap			0.007 (0.016)	0.002 (0.015)	0.002 (0.015)
own			-0.037 (0.174)	-0.026 (0.176)	-0.020 (0.179)
ln*pgdp*			0.154*** (0.013)	0.765** (0.331)	0.291* (0.180)
ppatent			0.012** (0.006)	0.018** (0.007)	0.021** (0.008)
indstr			0.025** (0.010)	0.022** (0.011)	0.014** (0.007)
finc_exp			0.065 (0.195)	0.042 (0.190)	0.007 (0.189)
常数项	0.353*** (0.041)	0.221*** (0.041)	0.434 (2.004)	-7.242 (5.916)	-2.398 (5.786)
N	4873	4873	4873	4873	4873
年份固定	未控制	控制	未控制	控制	控制
省份—行业固定	控制	控制	控制	控制	控制
年份—省份固定	未控制	未控制	未控制	未控制	控制
F	7.018	5.904	3.649	6.927	10.811
R^2	0.010	0.013	0.011	0.014	0.016

注：每个模型均控制了 *treat* 和 *t* 两个变量，括号内为稳健性标准误。*、**、*** 分别代表 10%、5% 和 1% 的显著性水平。

考虑到时间效应的影响，第（2）列在第（1）列的基础上，控制了年份固定效应，结果发现 $du \times dt$ 的系数仍然保持高度显著为负，系数变化非常小，说明《绿色信贷指引》政策对高污染高能耗产业增量碳排放的影响相对稳定。

考虑个体效应的影响，第（3）列在第（1）列的基础上，加入了行业和地区的控制变量。与第（1）列的系数相比，$du \times dt$ 的系数仍然高度显著为负，系数大小几乎没有变化，再次说明《绿色信贷指引》政策对高污染高能耗产业的影响相对稳定。

进一步综合考虑个体时间效应，第（4）列在第（3）列的基础上，加入时间控制变量，核心解释变量的估计结果仍然显著为负。基于样本为省份—行业—年份构成的三维面板数据，所以在第（5）列继续控制了年份—省份固定效应，结果显示 $du \times dt$ 的系数仍然高度显示为负，而且此时的系数大小与第（1）列的几乎一致。在综合考虑各种因素之后，《绿色信贷指引》政策对高污染高能耗产业增量碳排放的影响相对稳定，假说 1 得以验证。

在行业控制变量中，行业出口水平、行业利润率对增量碳排放量具有显著的正向影响，而行业营收能力和国家资本占比对增量碳排放量不具有显著的影响；在地区控制变量中，省级的人均实际 GDP 水平、万人专利数量、第二产业比重对增量碳排放量具有显著的正向影响，而财政自足能力对增量碳排放量不具有显著的影响。

二、滞后效应分析

根据假说2，考虑到政策不仅仅在实施过程中需要时间，而且政策实施的效果出现更需要时间过程。结合公式（6－2），重点考察《绿色信贷指引》政策对增量碳排放的时间滞后效应，结果见表 6－4，六个模型均控制了所有控制变量。

表 6－4　　滞后效应分析

解释变量	被解释变量：ΔCO_2					
	（1）	（2）	（3）	（4）	（5）	（6）
L. $du \times dt$	-1.062^{***} （0.230）	-1.086^{***} （0.223）	-1.092^{***} （0.223）			
L2. $du \times dt$				-1.387^{***} （0.356）	-1.453^{***} （0.340）	-1.463^{***} （0.344）

续表

解释变量	被解释变量：ΔCO_2					
	(1)	(2)	(3)	(4)	(5)	(6)
控制变量	控制	控制	控制	控制	控制	控制
年份固定	未控制	控制	控制	未控制	控制	控制
省份—行业固定	控制	控制	控制	控制	控制	控制
年份—省份固定	未控制	未控制	控制	未控制	未控制	控制
N	4331	4331	4331	3789	3789	3789
F	6.402	5.740	11.425	3.144	6.255	15.553
R^2	0.012	0.014	0.016	0.017	0.019	0.021

注：每个模型均控制了 *treat* 和 *t* 两个变量，括号内为稳健性标准误。*、**、*** 分别代表 10%、5% 和 1% 的显著性水平。

其中，第（2）列在第（1）列的基础上，增加时间固定效应，第（3）列在第（2）列的基础上增加了年份—省份固定效应。三个模型的估计结果均显示，滞后一期 $du \times dt$ 的回归系数高度显著为负，且系数数值介于 1.062 ~ 1.092。同时，随着加入的固定效应越多，系数的绝对值越来越大，说明《绿色信贷指引》政策冲击相对外生，结果较为稳健。从数值变化大小来看，与基准回归的系数相比，系数大小有所增加，这表明《绿色信贷指引》实施一年之后的政策对增量碳排放的减排效果更为明显。

第（4）列到第（6）列与第（1）列到第（2）列的回归方式一致，逐步增加时间固定效应和增加年份—省份固定效应。其中，唯一的区别在于将 $du \times dt$ 设定为滞后二期，结果显示 $du \times dt$ 的系数仍然显著为负，而且系数的绝对值明显高于基准回归和前三列，说明《绿色信贷指引》实施两年后，对增量碳排放的减排作用更为明显，假说 2 得以验证。

三、动态效应分析

据上文基准回归和滞后效应结果分析可知，《绿色信贷指引》政策对行业的增量碳排放具有减排效应，且政策的实施效应具有时间滞后效应。在此基础上，具体分析《绿色信贷指引》政策对行业增量碳排放的动态效应。首先，以 2008 年为基准期，假设《绿色信贷指引》政策在 2009 年实施，从而生成 *green*2009 虚拟变量，2009 年的高能源高污染行业取值为 1，其余为 0；依此类推，分别生成 *green*2010 ~ *green*2016 这 7 个虚拟变量。在模型估计时，将这些虚拟变量一起加入模型，每个虚拟变量的估计系数就代表假设《绿色信贷指引》政策在当年实施后对行业增量碳排放的影响效应，以此来判断假设《绿色信贷指引》政策的动态效应，表 6 – 5 呈现了相应的估计结果。

表 6 – 5　　动态效应分析

解释变量	被解释变量：ΔCO_2				
	(1)	(2)	(3)	(4)	(5)
*green*2009	0.499 * (0.244)	0.502 * (0.247)	0.678 ** (0.261)	0.665 ** (0.256)	0.665 ** (0.256)
*green*2010	1.225 ** (0.569)	1.221 ** (0.574)	1.283 ** (0.597)	1.285 ** (0.607)	1.285 ** (0.607)
*green*2011	0.079 (0.328)	0.062 (0.313)	0.127 (0.345)	0.139 (0.328)	0.139 (0.328)
*green*2012	0.192 (0.330)	0.154 (0.336)	0.055 (0.337)	0.006 (0.355)	0.006 (0.355)
*green*2013	−0.142 (0.486)	−0.185 (0.484)	−0.217 (0.620)	−0.280 (0.626)	−0.280 (0.626)
*green*2014	−0.224 (0.405)	−0.302 (0.449)	−0.417 (0.501)	−0.502 (0.561)	−0.502 (0.561)
*green*2015	−1.576 *** (0.411)	−1.576 *** (0.457)	−1.719 *** (0.550)	−1.714 *** (0.592)	−1.714 *** (0.592)
*green*2016	−1.130 *** (0.392)	−1.082 *** (0.372)	−0.811 (0.489)	−0.751 (0.462)	−0.751 (0.462)
控制变量	未控制	未控制	控制	控制	控制
年份固定	未控制	控制	未控制	控制	控制
省份—行业固定	控制	控制	控制	控制	控制
年份—省份固定	未控制	未控制	未控制	未控制	控制
N	6156	6156	4873	4873	4873
F	6.095	7.482	5.428	7.221	7.221
R^2	0.026	0.026	0.024	0.024	0.024

注：每个模型均控制了 *treat* 和 *t* 两个变量，括号内为稳健性标准误。*、**、*** 分别代表 10%、5% 和 1% 的显著性水平。

第（1）列和第（2）列不考虑控制变量，第（2）列在第（1）列的基础上控制时间固定效应，以考察《绿色信贷指引》政策对行业增量碳排放的减排效应。回归结果显示，*green*2009 和 *green*2010 的系数显著为正，表明在 2009 年和 2010 年，高污染高能耗行业的增量碳排放相对于其他行业是增加的。而 2011 年和 2012 年，两个系数仍然为正，但是并不显著。2013 年和 2014 年，回归系数均变为负值，但并不显著。直至 2015 年开始，*green* 虚拟变量的系数才显示显著为正。这表明，《绿色信贷指引》政策对增量碳排放的减排效应在政策出台 4 年后才开始发挥作用。第（3）列到第（5）列，回归过程中增加了其他控制变量。估计结果显示，*green* 的系数只有在 2015 年才显著为正，表明《绿色信贷指引》政策具有较强的时间滞后性且时间滞后期为 4 年，即政策颁布的影响效应在 4 年后才能体现。

四、安慰剂检验

由于本章对处理组的选择依据能耗大小来确定，因此在选取上具有一定的随机性。本章采用更换处理组的方式进行安慰剂检验，具体策略是，在行业生产中，“金属制品业，通用设备制造业，专用设备制造业，交通运输设备制造业，电气机械及器材”等行业属于重工业行业，相对一般行业来说能耗更高，但并不属于《绿色信贷指引》限制信贷的行业。我们将这五个行业作为处理组（$dpu=1$），其他行业作为对照组（$dpu=0$）。根据假说 1 和式（6－1）进行估计，结果见表 6－6。

表 6－6　　　　安慰剂检验

解释变量	被解释变量：ΔCO_2					
	（1）	（2）	（3）	（4）	（5）	（6）
$dpu \times dt$	0.330*** （0.100）	0.322*** （0.098）	0.329*** （0.101）			
L. $dpu \times dt$				0.378*** （0.078）	0.429*** （0.092）	0.438*** （0.092）
_cons	0.628 （1.979）	－6.465 （5.731）	－1.821 （5.678）	5.295 （3.456）	－7.896 （7.923）	－0.922 （7.035）
控制变量	控制变量	未控制	未控制	控制	控制	控制

续表

解释变量	被解释变量：ΔCO_2					
	(1)	(2)	(3)	(4)	(5)	(6)
年份固定	未控制	控制	控制	未控制	控制	控制
省份—行业固定	控制	控制	控制	控制	控制	控制
年份—省份固定	未控制	未控制	控制	未控制	未控制	控制
N	4873	4873	4873	4151	4151	4151
F	3.467	6.968	9.249	4.314	6.720	35.291
R^2	0.005	0.008	0.009	0.007	0.009	0.011

注：每个模型均控制了 *treat* 和 *t* 两个变量，括号内为稳健性标准误。*、**、*** 分别代表 10%、5%和1%的显著性水平。

在模型（1）~模型（3）下，分别对控制变量、时间效应以及个体效应进行控制，得到 $dpu \times dt$ 的估计系数均显著为正，这说明上述五个行业相对于其他行业来说，其碳排放增量呈现增长趋势，即不存在碳减排的现象。考虑到时间滞后性，模型（4）~模型（7）在控制省份—行业、年份—省份以及二者均控制的三种情况下，具体考察 $dpu \times dt$ 的滞后一期对增量碳排放的影响，结果与前三列基本一致，$dpu \times dt$ 的系数均显著为正，即不具备对碳排放增量的减排效应。综上，通过安慰剂检验，发现《绿色信贷指引》政策仅对高污染高能耗的行业产生减排效应，而且这种减排效应具有时间滞后性，假说 1 和假说 2 均得以验证。

五、PSM-DID

由上文分析可知，《绿色信贷指引》政策对高污染高能耗行业增量碳排放具有减排效应。但从模型角度出发，DID 模型并不能完全解决内生性问题，即无法排除其他因素对增量碳排放的影响。为了缓解可能的内生性问题，采用 PSM-DID 的方法进行检验。具体来说，首先采用 PSM 将与处理组相似的样本进行匹配，然后再采用 DID 进行估计，PSM-DID 估计结果如表 6-7 所示。其中，模型（1）~模型（2）为核匹配后 DID 的估计结果。在没有控制变量的情况下，$du \times dt$ 的系数为 -0.96。在考虑控制变量后，回归系数为 -0.958。通过比较可以发现，两者均高度显著且差异并不大。模型（3）~模型（4）是采用半径匹配后的 DID 估计结果。结果显示，是否在模型中加入控制变量，$du \times dt$ 的系数均保持显著为负，系数大小没有较大差异。结合上文回归结果分析发现，与基准回归相比，$du \times dt$ 的系数相对较小，这表明在不采用 PSM 匹配时，存在其他因素加强政策的影响效果，存在高估的可能。由此可见，采用 PSM-DID 的估计结果更为可信。

表 6－7　　PSM-DID 检验

解释变量	被解释变量：ΔCO_2			
	核匹配		半径匹配	
	(1)	(2)	(3)	(4)
$du \times dt$	-0.960*** (0.226)	-0.958*** (0.228)	-0.952*** (0.233)	-0.964*** (0.225)
控制变量	未控制	控制	未控制	控制
年份固定	控制	控制	控制	控制
省份—行业固定	控制	控制	控制	控制
年份—省份固定	控制	控制	控制	控制
N	4578	4533	4453	4573
R^2	0.019	0.020	0.300	0.020

注：每个模型均控制了 *treat* 和 *t* 两个变量，括号内为稳健性标准误。*、**、*** 分别代表 10%、5% 和 1% 的显著性水平。

六、异质性分析

为考察金融政策实施效应在地区上的差异，就《绿色信贷指引》政策对行业增量碳排放的减排效应进行异质性分析，主要从区域异质性和行业异质性进行，将中国内地 30 个省份（不含西藏）分为东部、中部、西部和东北四个地区的分样本。其中，东部地区包含北京、河北、天津、山东、江苏、上海、浙江、福建、广东和海南 10 个省份；中部地区包括山西、河南、安徽、湖南、湖北、江西 6 个省份；西部地区包括内蒙古、西安、甘肃、青海、新疆、云南、四川、重庆、贵州、广西等 11 个省份；东北部地区包括辽宁、吉林和黑龙江 3 个省份。之所以将东北地区单独考察，原因在于东北地区工业衰落问题日益严重，需要单独考察《绿色信贷指引》政策是否对其有更大的影响效应，回归结果如表 6－8 所示。

表 6-8 区域异质性分析

解释变量	被解释变量：ΔCO_2			
	东部地区	中部地区	西部地区	东北地区
	(1)	(2)	(3)	(4)
$du \times dt$	-1.188** (0.465)	-1.012* (0.549)	-0.700* (0.421)	-2.155** (0.924)
控制变量	控制	控制	控制	控制
年份固定	控制	控制	控制	控制
省份—行业固定	控制	控制	控制	控制
年份—省份固定	控制	控制	控制	控制
N	1751	1202	1417	503
F	1.797	1.716	2.033	2.785
R^2	0.022	0.013	0.031	0.091

注：每个模型均控制了 *treat* 和 *t* 两个变量，括号内为稳健性标准误。*、**、*** 分别代表 10%、5% 和 1% 的显著性水平。

从结果来看，$du \times dt$ 的系数在四个模型中均显著为负，说明《绿色信贷指引》政策对四个地区高污染高能耗行业的增量碳排放减排效应明显。具体来看，东部地区的 $du \times dt$ 系数数值为 1.188，大于中部地区的 1.012 和西部地区的 0.700。进一步来看，东北地区的回归系数绝对值为 2.155，在地区回归中数值最大，即政策实施的效应对东北地区的碳减排效果最为明显。结合以上两方面，各个地区政策影响的效应，从大到小依次为：东北地区 > 东部地区 > 中部地区 > 西部地区，这表明《绿色信贷指引》政策对东北地区的高污染高能耗行业的增量碳排放影响最大，顺位依次为东部、中部和西部地区。东北地区减排效应最为明显可能与东北老工业基础衰落有关，而东、中、西的依次排序可能取决于各地区经济发展水平。

同时，为考察金融政策实施效应在行业上的差异，须从资本异质性和平均利润异质性两方面分别考察绿色金融政策的影响效应，结果如表 6-9 所示。

表 6-9 行业异质性分析

解释变量	被解释变量：ΔCO_2			
	国有资本小于平均值的行业	国有资本大于平均值的行业	行业平均利润大于零	行业平均利润小于零
	(1)	(2)	(3)	(4)
$du \times dt$	-1.081** (0.452)	-0.678** (0.321)	-0.036 (1.051)	-0.976*** (0.282)

续表

解释变量	被解释变量：ΔCO_2			
	国有资本小于平均值的行业	国有资本大于平均值的行业	行业平均利润大于零	行业平均利润小于零
	(1)	(2)	(3)	(4)
控制变量	控制	控制	控制	控制
年份固定	控制	控制	控制	控制
省份—行业固定	控制	控制	控制	控制
年份—省份固定	控制	控制	控制	控制
N	3487	1386	181	4692
F	1.582	1.801	5.691	2.012
R^2	0.019	0.020	0.300	0.013

注：每个模型均控制了 *treat* 和 *t* 两个变量，括号内为稳健性标准误。*、**、*** 分别代表 10%、5% 和 1% 的显著性水平。

为考虑资本异质性，本章以平均资本值（0.143）为样本分界点，第（1）列和第（2）列分别考察国有资本在整个行业中的占比小于平均值和大于平均值的两个分样本情况。结果显示，在国有资本小于平均值的行业，$du \times dt$的回归系数绝对值相对更大，这说明国有资本比重较小的行业受到《绿色信贷指引》政策的冲击更大，而国有资本比重较大的行业受到的冲击相对较小。这可能是因为银行发放贷款时除了考察行业特征，还要考虑企业的国有性质。

另外，为考虑平均利润异质性，本章以行业平均利润率为零作为样本分界点，第（3）列和第（4）列分别为行业平均利润率大小零和小于零两个分样本的回归结果。据表 6－9 可得，在平均利润率大于零的行业，《绿色信贷指引》政策对其没有显著的影响，但在平均利润率小于零的行业，《绿色信贷指引》政策对其有显著影响且为负。这可能是因为银行在发放贷款时更趋向于高利润率的行业，即使其属于高污染高能耗的行业，也存在放贷款的现象。

第七章　绿色金融与经济绿色化：基于绿色信贷效应的研究

第一节　引　　言

随着环境污染问题的关注度日益上升，金融领域开始逐步实施绿色金融政策。绿色金融政策已成为发达国家从源头上治理环境问题的重要举措之一。近年来，中国政府也出台了一系列的绿色金融政策，包括绿色信贷、绿色证券及政府引导支持等方面的政策，其目的是治理金融领域环境。绿色信贷政策是绿色金融政策的重要组成部分，是金融机构在贷款过程中综合考虑环境因素和社会影响因素，通过信贷政策减少对污染行业的贷款来限制污染行业的发展，对环保产业的发展给予支持来转变经济发展方式（蒋先玲和张庆波，2014）。较为著名的赤道原则就是要求金融机构充分考虑贷款和融资项目中存在的潜在环境风险，并对可能产生的污染提供应对措施。在国家政策的指引下，一些商业银行也采取一些绿色信贷政策应对经济发展中所面临的环境风险，如兴业银行和浦发银行均建立了绿色信贷服务体系（胡梅梅等，2014）。

现有文献主要研究绿色信贷政策对绿色工业发展、绿色经济增长、产业结构升级等方面的作用，也有部分学者对绿色信贷政策进行定性分析。综合来看，主要存在两种学术观点：第一，绿色信贷政策还处于执行初期，其效应有待观察（Aizawa and Yang，2010），且对银行业有一定的冲击（Li and Hu，2014），也可能受到粗放型经济增长模式和官员晋升考核机制的影响（张秀生和李子明，2009），也可能因为不同产业的实施标准不明确、环境方面的信息较为缺乏，导致该政策的目标尚未完全实现（Zhang et al.，2011）。吴建祖和王蓉娟（2019）研究认为，由于地方政府对环保部门的干预，环保部门在执行环境政策过程中总是缩手缩脚，从而降低了环境政策的效率。第二，较多的研究认为，绿色信贷政策对节约能源、减少污染排放和经济发展均有明显的正向作用。刘等（Liu et al.，2017）的研究发现绿色信贷政策有效抑制了能源密集型产业的投资，但是对产业结构的影响非常有限。刘婧宇等（2015）基于2007年部分高排放行业的上市公司数据进行情景模拟分析，结果发现绿色信贷政策在短期和中期内均有利于降低造纸业和化工业等污染产业的产出。修静等（2015）利用2003～2010年省级层面的实证分析发现，绿色信贷政策有助于工业节能减排，促进工业向环保产业转型。徐胜等（2018）的研究表明绿色信贷的发展能够通过资本形成、信号传递、反馈及信用催生等三个作用机制促进产业结构升级。苏冬蔚和连莉莉（2018）的研究发现绿色信贷政策使得重污染企业的债务融资和长期负债均大幅度下降，同时降低了国有及大型重污染企业投资。崔等（Cui et al.，2018）利用中国24家银行的面板数据进行分析，发现绿色信贷政策有助于降低信贷风险。谢婷婷和刘锦华（2019）研究认为绿色信贷有助于促进绿色经济增长。何等（He et al.，2019）基于中国150家可再生能源上市公司的实证研究发现，绿色信贷资源流入可再生能源产业，进而有利于促进绿色经济发展。

本章利用2007～2016年30个省份23个工业行业的面板数据，将2012年《绿色信贷指引》的颁布作为准自然实验，将“高污染高能耗”行业作为处理组，非“高污染高能耗”行业作为控制组，采用双重差分方法考察“高污染高能耗”的颁布对中国工业行业信贷的影响，进而验证绿色信贷政策是否真正地实现了绿色信贷。与已有文献相比，本章的边际贡献在于：（1）现有文献对绿色信贷政策的研究主要从宏观层面、银行视角及企业微观视角展开分析，本章从行业层面进行研究，拓展了绿色信贷研究的领域；（2）本章使用原银监会出台的《绿色信贷指引》作为准自然实验，可以对绿色信贷政策的绿色信贷效果进行因果识别，丰富绿色信贷方面的因果关系文献；（3）本章进一步研究分析了绿色信贷政策对不同区域产生的影响差异，为不同区域实施差异化的环境政策提供了相应的政策建议。

第二节　政策背景与研究假说

一、政策背景

目前，中国政府的环境保护政策不断向环境法治化和规范化的道路发展，越来越多的环境保护政策在环境治理过程中发挥着越来越重要的作用。习总书记提出的“绿水青山就是金山银山”的发展理论，对于指导各级政府保护环境、实现绿色发展具有重要的现实意义。随着绿色发展理论不断深入人心，金融领域的绿色发展也开始逐步推进。2007 年中国人民银行等部门共同发布了《关于落实环保政策法规防范信贷风险的意见》，该意见作为一项重要的绿色信贷政策在全国各地区被贯彻实施。此外，为了落实《国务院“十二五”节能减排综合性工作方案》《国务院关于加强环境保护重点工作的意见》等环境保护政策，国家要求银行等金融机构以绿色信贷为手段优化贷款结构，调整实体经济投资的重点和方向，以促进经济结构调整和降低污染排放。《绿色信贷指引》（2012）的核心内容有以下几点：（1）银行业等金融机构要实施绿色信贷发展战略，董事会或者理事会对绿色信贷目标和绿色信贷报告进行审批，并对绿色信贷政策的实施进行监督和评估；（2）银行的高级管理层每个年度都需要向董事会或理事会汇报绿色信贷执行情况，并向监管机构提交书面材料；（3）银行业等金融机构对国家重点调控的限制类行业，以及有重大环境和社会风险的行业制定专门的授信指引，实行有差别、动态的授信政策，实施风险敞口管理制度。绿色信贷政策在实施过程中，受地方政府的影响少，将企业授信额度与企业的污染排放等环境表现相挂钩，达到调整工业行业结构、实现绿色发展的目标。近年来，绿色信贷政策逐渐成为改善中国环境质量的重要举措之一。

二、理论假说

银行业在中国资本配置过程中起着非常重要的作用。企业在生产经营过程中，必须与银行业建立紧密的关系，需要融资时，可以向银行申请贷款。根据《绿色信贷指引》的规定，对国家重点调控的限制类行业和有重大环境和社会风险的行业，要限制其银行信贷。《产业结构调整指导目录（2019）》将产业分为鼓励类、限制类、淘汰类三个类别，其中限制类主要指工艺技术落后，不符合行业准入条件和有关规定，禁止新建扩建和需要督促改造的生产能力、工艺技术、装备及产品，而淘汰类主要指不符合有关法律法规规定，不具备安全生产条件，严重浪费资源、污染环境，需要淘汰的落后工艺、技术、装备及产品。可见，对环境污染严重、浪费资源严重的行业，不仅要限制，还要淘汰。从二位工业行业代码来看，国家将高能耗、高污染、低水平的行业称为“两高一低”，主要包括化纤、纺织印染、皮革制品、非金属矿物制造、化工和水泥六个行业。在《绿色信贷指引》中要限制的行业主要就是指“两高一低”行业。由于我们无法识别哪些行业为低水平的行业，下文的分析主要以“两高”行业作为分析对象。在我国推出绿色信贷政策的背景下，企业环境表现成为影响企业获得新增贷款的决定性因素（沈洪涛和马正彪，2014）。随着环境监管制度和银行的信贷流程日益严格，“两高”行业的企业融资难度加强，迫使“两高”行业规模压缩，从而实现绿色发展的目标。《绿色信贷指引》政策作为合法性制度，使得“两高”行业的融资环境更为恶劣，同时也使得这类企业的治污成本和生产成本上升。因此，《绿色信贷指引》的颁布可能会使得污染企业被迫改善生产技术以获得银行贷款。“两高”行业在技术不变的情况下，将无法获得银行贷款。当“两高”行业无法按期偿还其银行贷款或是其生产技术条件无法满足当地环境规制的要求时，则会被迫退出市场或转移到环境规制较为宽松的国家或地区。基于此，提出以下假说：

假说3：《绿色信贷指引》的颁布将使得“两高”行业的贷款规模显著下降。

2017年6月，国家在浙江、江西、广东、贵州和新疆5个省份共设立了8个绿色金融改革创新试验区，各个试验区的目标侧重并不相同。其中，浙江侧重于对传统产业升级服务方面创新绿色金融服务；广东倾向于发展绿色金融市场；新疆着重于对现代农业、清洁能源资源发展提供绿色金融支持；而贵州和江西则着力于探索良好的绿色金融机制以避免造成“先污染后治理”的后果。由此可见，正是由于我国不同地区的经济发展水平、产业结构及环境承载能力等方面存在较大的差异，实施的绿色信贷政策也必然会出现地区差异效果。而且，不同地区经济发展水平不同，地区融资条件不同（孙焱林和施博书，2019），各地区的企业与银行之间生态关系也不同，都会造成绿色信贷政策对不同地区“两高”行业的影响不同。东部地区经济发展水平和金融发展程度远高于其他地区，对绿色发展的重视程度更高，绿色信贷政策对“两高”行业的信贷规模产生更大的影响。中西部地区资源丰富，资源环境问题比较突出。随着西部大开发和中部崛起的政策实施，中西部各省份对“两高”行业的绿色信贷政策执行强度相对弱一些（李毓等，2020），即《绿色信贷指引》对中西部地区“两高”行业的信贷规模影响相对低一些。而东北地区金融发展不足，东北振兴乏力，而“两高”又是东北地区的传统优势产业（闫春英，2018），绿色信贷政策对东北地区“两高”行业信贷的影响可能不太明显。因此，受地区经济发展水平不同，不同地区绿色信贷政策的执行力度存在差异，对“两高”行业信贷规模的影响也会存在差异。基于此，提出如下假说：

假说4：《绿色信贷指引》的颁布对不同地区的“两高”行业信贷具有异质性的抑制作用。

随着绿色信贷蓬勃发展，银行严格控制高污染企业的资金支持，将更多的资金引导到环保领域和绿色产业。对于国家资本占比高的行业来说，它们承担着一定的社会责任，更易获得金融信贷的支持，并将这些资本用于发展绿色经济。在“两高”行业中，国有资本占比高的行业会更自觉地执行国家的环境保护政策，减少环境污染排放，转向发展绿色经济。因此，国家资本占比高的“两高”行业对《绿色信贷指引》反应可能更为敏感。传统意义上，银行给企业授信主要看企业的利润情况，如果利润率表现较好，银行不用担心贷款发放之后收不回来的情况。所以，银行更愿意将贷款发放给利润率较高的企业。对于“两高”行业，并不是每个行业的利润率表现都很大，有部分行业具有较好的利润率，但是大多数行业处于低利润率或负利润率的情况。在金融资源有限的情况下，多数银行会选择盈利前景较好的绿色项目发放绿色信贷。而行业利润率较好的“两高”行业，有能力采用先进技术治理自己的污染排放，同时环境表现方面不错，受到绿色信贷政策的影响相对少一些；行业利润率较低的“两高”行业由于资金短缺难以改善自己的环境表现，获得的贷款难度也将明显增加，受到绿色信贷政策的影响更大。基于此，提出如下假说：

假说5：对于国有资本占比和利润率不同的“两高”行业，绿色信贷政策存在异质化的影响。

第三节　计量模型与数据说明

一、模型设定

本章将利用双重差分法，以《绿色信贷指引》的实施为准自然实验，考察其是否降低了“高污染高能耗”行业的贷款。借鉴陈琪（2019）的做法，选择“高污染高能耗”行业作为处理组，以非“高耗能高污染”行业作为控制组，构建双重差分模型如下：

$$loan_{ipt} = \alpha_0 + \theta_1 T_{ipt} + \theta_2 gr_{ipt} + \beta gr_{ipt} \times T_{ipt} + X\lambda + \mu_i + \nu_p + \gamma_t + \xi_{ipt} \tag{7-1}$$

其中，i、p、t 分别代表工业行业、省份和时间；$loan$ 代表每个行业的信贷规模，采用信贷利息支出的区位熵来表示：

$$loan_{ipt} = \frac{int_{ipt}/int_{pt}}{int_{it}/int_t} \tag{7-2}$$

其中，$loan_{ipt}$表示 i 行业 p 省份 t 年信贷利息支出的区位熵；int_{ipt}代表 i 行业 p 省份 t 年的信贷利息支出；int_{pt}代表 p 省份所有工业行业 t 年的信贷利息支出；int_{it}代表全国 i 行业 t 年的信贷利息支出；int_t 代表全国所有工业行业在 t 年的信贷利息支出；X 为一组与行业信贷利息支出区位熵相关的控制变量矩阵，λ 为控制变量的系数矩阵。除了贷款利息支出的区位熵，本章还将贷款利息支出的增长率（gr_loan）作为被解释变量，进行稳健性检验。在统计年鉴中，没有统计每个行业获得的信贷规模，但是统计了每个行业的信贷利息支出。当一年的利息支出增加（gr_loan），说明当年获得的信贷规模在扩大。同理，如果一个行业在一年的利息支出在全省和全国的比较优势更大（$loan$），也代表这个行业的信贷规模在扩大。

在式（7-1）中，μ_i 表示行业固定效应，ν_p 表示省份固定效应，γ_t 表示年份固定效应，ξ_{ipt}为随机干扰项；T 为《绿色信贷指引》颁布以后的时间，由于这项政策是在 2012 年颁布的，所以将 2012 年之后的 T 设为 1，否则为 0；gr 代表“高污染高能耗”行业，具体包括“石油加工、炼焦及核燃料加工业，化学原料及化学制品制造业，非金属矿物制品业，黑色金属冶炼及压延加工业，有色金属冶炼及压延加工业”五个行业。需要特别说明的是，《绿色信贷指引》主要针对的是“两高一剩”行业，即高耗能、高污染、产能严重过剩，在工业行业中，只有五个行业属于“高污染高能耗”行业，本书不涉及产能严重过剩的行业，所以仅考虑“两高”行业。属于“两高”行业则 gr 为 1，否则为 0；$gr \times T$ 为本章最为关心的变量，代表双重差分的系数，如果 β 小于 0，则说明《绿色信贷指引》颁布有利于降低“两高”行业的信贷规模。

在控制变量中，本章主要考虑影响行业获得银行信贷的因素，主要变量有：

（1）行业出口水平（*export*）：采用工业行业出口交货值占销售值的比重。一个行业的出口水平代表国外对该行业的需求情况，从一个侧面反映该行业的竞争力水平。一个行业的出口水平越高，说明该行业更具有竞争力，银行更愿意将贷款发放给这个行业。反之，如果某一个行业的出口水平较低，或者没有出口，银行可能不愿意将贷款贷给该行业。预期该变量的系数为正。

（2）行业利润率（*profit*）：采用工业企业利润总额与工业企业工业销售产值之比再乘以100%来衡量。行业利润率大于零，代表该行业具有较好的发展前景，会吸引更多投资者的投资，而这些行业向银行申请贷款时，往往较为容易。如果一个行业的利润率小于零，可以归为夕阳产业，这些行业想得到银行的贷款是非常难的。因此，预期行业利润率的系数为正。

（3）行业营收能力（*inc_cap*）：采用主营业务收入占实收资本的比重来表示。主营业务收入能力占实收资本的比重越高，说明该行业的营收能力越强，这意味着该行业具有较好的发展前景，向银行申请贷款也就相对容易。因此，预期行业营收能力的系数为正。

（4）国家资本占比（*own*）：采用国家资本占实收资本的比重。国家资本占比越高，说明该行业担负着国家战略的目的，也可能是该行业的国有企业所占比例较多，拥有国家信用或者国有企业信用，银行更愿意将贷款贷给这些行业。反之，如果一个行业的国家资本占比低，说明该行业具有较少的国有企业，其获得银行贷款的可能性会降低。因此，预期国家资本占比的系数为正。

由于行业层面的数据较少，本章在研究过程中，尽量控制省份、年份、行业及两个层面交互的固定效应，以解释控制变量不足的问题。

二、数据说明

本章的数据主要来自《中国工业统计年鉴》和《中国统计年鉴》。由于西藏的工业行业数据缺失较为严重，最后只考虑了30个省份。由于2011年我国工业行业进行调整，本章在分析2011年前后两个标准后，将没有变化的，或者变化很小的行业数据保留，删除了新增加的行业和减少的行业。具体地，将2011年以后的汽车制造业和铁路、船舶、航空航天和其他运输设备制造业合并为一个行业，与2011年以前的交通运输设备制造业进行匹配。最后行业数为23个，包括专用设备制造业，交通运输设备制造业，仪器仪表及文化、办公用机械制造业，农副食品加工业，化学原料及化学制品制造业，化学纤维制造业，医药制造业，有色金属冶炼及压延加工业，橡胶和塑料制品业，烟草制品业，电气机械及器材制造业，皮革、毛皮、羽毛（绒）及其制品业，石油加工、炼焦及核燃料加工业，纺织业，服装、鞋、帽制造业，通信设备、计算机及其他电子设备制造业，通用设备制造业，造纸及纸制品业，金属制品业，非金属矿物制品业，食品制造业，饮料制造业，黑色金属冶炼及压延加工业。但是由于海南和青海的工业体系并不完善，所以只有上述的 20 个和 21 个工业行业。由于《绿色信贷指引》政策从 2012 年开始实施，本书所采用的数据是从 2007 年开始，最新的数据可以到 2016 年，最后的样本考察期为 2007～2016 年。表 7－1 是主要变量的双重差分结果。在 2012 年之前，信贷利息支出的区位熵和信贷利息支出的增长率，其处理组的均值比控制组的均值大；在 2012 年之后均有显著下降，但是双重差分后，处理组均值下降的幅度更大，导致双重差分的均值显著为负。除此之外，处理组的行业利润率和行业营收能力均呈现显著的下降趋势。但是对于行业出口率和国家资本占比两个指标，双重差分后并无显著的差异。

表 7－1　　　　主要变量的双重差分分析

变量	2012 年以前			2012 年以后			Diff-in-Diff
	控制组	处理组	Diff	控制组	处理组	Diff	
loan	5.854	16.939	11.085***	4.648	13.195	8.547***	－2.538***
gr_loan	1.000	2.579	1.579***	0.553	1.139	0.586***	－0.994***
export	0.121	0.046	－0.075**	0.15	0.035	－0.115***	－0.040
profit	7.143	5.125	－2.018***	6.948	3.897	－3.051***	－1.034***
inc_cap	5.861	6.658	0.796***	7.316	5.860	－1.456***	－2.252***
own	0.162	0.222	0.060**	0.139	0.200	0.0600**	0.000

图 7－1 为信贷利息支出区位熵的平行趋势检验。在 2010 年之前，处理组和控制组几乎平行，且处理组的信贷利息支出区位熵显著高于控制组；在 2011 年，两组数据均呈现显著的下降趋势，而且下降幅度均较大。但是到 2012 年以后，处理组这条线持续下降，而控制组这条线不仅没有下降，反而有一定的上升。说明《绿色信贷指引》颁布之后，使得“两高”行业的信贷利息支出区位熵显著下降，而银行的信贷转向其他行业，使得非“两高”行

业的信贷利息支出区位熵没有下降，反而有上升的趋势。表 7－1 和图 7－1 均说明，本书采用 DID 方法进行估计较为合理。

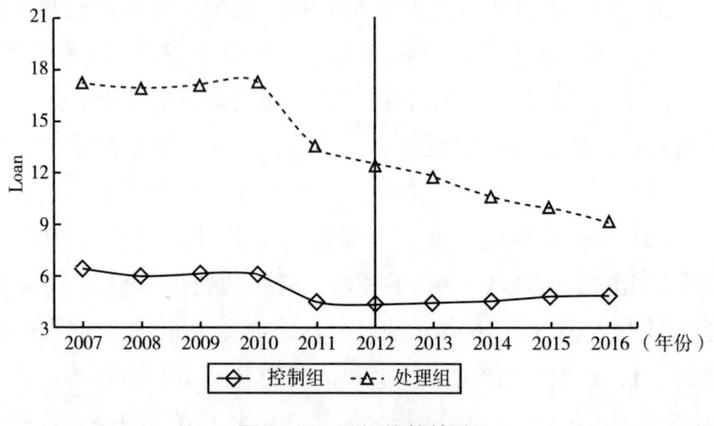

图 7－1　平行趋势检验

第四节　实证分析

一、基准回归

根据式（7－1），表 7－2 汇报了绿色信贷政策对工业行业贷款利息支出区位熵影响的基准回归结果。第（1）列控制了行业、省份和年份固定效应后，采用 OLS 方法进行估计，结果显示回归系数为－2. 732，在 1% 水平上显著，这说明绿色信贷政策的实施显著降低了“两高”行业利息支出区位熵。第（2）列在第（1）列的基础上，采用固定效应模型进行估计，$gr \times T$ 的系数也显著为负，与 OLS 回归系数相差并不大。第（3）列和第（4）列在前两列的基础上加入控制变量，$gr \times T$ 的两个系数均高度显著为负，系数分别为－2. 886 和－2. 678，系数相差并不大，说明估计结果非常稳健。第（5）列在第（4）列的基础上，控制了年份 × 省份的固定效应，绿色信贷政策的系数显著为负，系数大小与第（4）列相差不大；第（6）列在第（4）列的基础上，控制了年份 × 行业的固定效应，回归系数高度显著为负，系数为－3. 341，对固定效应要求更高，系数更为显著且更大，说明绿色信贷政策对“两高”行业的信贷具有显著且稳健的抑制作用。平均意义上，实施绿色信贷政策以后，与非“两高”行业相比，“两高”行业的信贷利息支出区位熵具有显著的下降趋势，说明绿色信贷政策实现了绿色信贷。这与已有学者研究的结论较为一致，如陈琪（2019）的研究表明，绿色信贷政策的实施明显降低了上市公司“两高一剩”企业的贷款规模；丁杰（2019）的研究认为，绿色信贷政策的实施显著降低了重污染企业的信贷融资。

表 7-2　　　　基准回归结果

解释变量	被解释变量：*loan*					
	OLS	FE	OLS	FE	FE	FE
	(1)	(2)	(3)	(4)	(5)	(6)
$gr \times T$	-2.732*** (0.875)	-2.739*** (0.861)	-2.886*** (1.034)	-2.678** (1.012)	-2.685** (1.006)	-3.341*** (0.498)
export			-0.003*** (0.000)	0.001** (0.000)	0.001** (0.000)	0.000 (0.001)
profit			0.062 (0.039)	-0.196*** (0.044)	-0.192*** (0.043)	-0.143*** (0.025)
inc_cap			0.090 (0.075)	0.092** (0.044)	0.091** (0.043)	0.077*** (0.029)
own			0.600 (0.748)	0.016 (0.371)	-0.053 (0.395)	-0.264 (0.326)
常数项	8.332*** (1.743)	8.863*** (0.436)	7.158*** (1.970)	10.321*** (0.595)	11.390*** (1.006)	217.309 (164.297)
年份固定	Y	Y	Y	Y	Y	Y
省份固定	Y	Y	Y	Y	Y	Y
行业固定	Y	Y	Y	Y	Y	Y
年份×省份固定	N	N	N	N	Y	N
年份×行业固定	N	N	N	N	N	Y
F	71.42	9.282	67.34	12.731	24.221	26.445
R^2	0.410	0.100	0.428	0.124	0.129	0.169
N	6298	6298	5343	5343	5343	5343

注：每个模型均控制了 *gr* 和 *T* 两个变量，但由于固定效应模型中会被差分掉，本表不再汇报两个变量的回归系数，括号内的数值为聚类标准误。***、**、* 分别表示在 1%、5%、10% 的显著水平上变量显著。

在第（4）列到第（6）列的三个模型中，行业出口比例对行业信贷规模具有正向影响，但在控制了年份×行业的固定效应后，其系数变得不显著，说明行业出口受到行业与时间共同作用明显，但第（4）列和第（5）列均显著为正，这与预期基本一致，行业出口水平越高的行业，越容易获得银行的信贷。行业利润率在三个模型中均显著为负，与预期并不一致，说明利润率越高的行业反而获得银行信贷越难，其原因可能来自来两个方面：一是利润率高的行业，不需要银行的信贷，从而他们的信贷规模并不高；二是利润率高的行业，往往是市场化程度比较高的行业，有更多的融资渠道，银行贷款依赖度并不高。行业的营收能力显著为正，说明银行更看重行业的营收能力，从而向这些行业提供信贷。国有资本占比在三个模型均不显著，说明国有资本在这三个模型中对行业的信贷规模并无显著的影响。

二、稳健性检验

为了获得更为稳健的结果，本章采用工业行业利息支出增长率作为被解释变量重新进行估计，表 7-3 汇报了相应的估计结果。与表 7-2 类似，第（1）列和第（2）列在不考虑其他变量的情况下，控制年份、省份、行业固定效应后，仅考察绿色信贷政策对行业信贷利息支出增长率的影响，在 OLS 和 FE 两个模型下，绿色信贷政策的系数高度显著为负，数值大小相差很小。第（3）列和第（4）列在控制其他因素后，OLS 和 FE 两个模型估计的结果显示，绿色信贷政策的系数同样高度显著为负，数值也是相差非常小。第（5）列和第（6）列在分别控制了年份×省份固定效应和年份×行业固定效应后，固定效应模型估计结果显示，两个系数仍然高度显著为负，数值相差仅 0.1。

表 7-3　　稳健性检验

解释变量	被解释变量：*gr_load*					
	OLS	FE	OLS	FE	FE	FE
	(1)	(2)	(3)	(4)	(5)	(6)
gr × *T*	-1.064*** (0.284)	-1.058*** (0.285)	-1.191*** (0.347)	-1.104*** (0.376)	-1.133*** (0.357)	-1.031*** (0.342)
export			-0.000* (0.000)	0.000 (0.000)	0.000 (0.000)	0.001** (0.000)
profit			-0.024 (0.025)	-0.049 (0.043)	-0.044 (0.041)	-0.052 (0.042)

续表

解释变量	被解释变量：*gr_load*					
	OLS	FE	OLS	FE	FE	FE
	(1)	(2)	(3)	(4)	(5)	(6)
inc_cap			0.026 (0.024)	0.073 (0.047)	0.069* (0.040)	0.061 (0.054)
own			0.344 (0.301)	0.761 (0.849)	0.738 (0.855)	0.855 (0.916)
常数项	1.959** (0.924)	1.612*** (0.216)	1.977* (0.974)	1.586*** (0.335)	1.551*** (0.291)	349.334 (246.120)
年份固定	Y	Y	Y	Y	Y	Y
省份固定	Y	Y	Y	Y	Y	Y
行业固定	Y	Y	Y	Y	Y	Y
年份×省份固定	N	N	N	N	Y	N
年份×行业固定	N	N	N	N	N	Y
F	15.891	9.952	13.871	9.639	14.094	9.757
R^2	0.101	0.069	0.106	0.077	0.081	0.079
N	5595	5595	4759	4759	4759	4759

注：每个模型均控制了 *gr* 和 *T* 两个变量，但由于在固定效应模型中会被差分掉，本表不再汇报两个变量的回归系数，括号内的数值为聚类标准误。***、**、*分别表示在1%、5%、10%的显著水平上变量显著。

从六个模型的估计结果可以看出，更换被解释变量后，绿色信贷政策可以显著降低“两高”行业的信贷利息支出的增长率，即绿色信贷政策使得银行对“两高”行业发放的贷款数量在显著下降，再次验证了绿色信贷政策真正实现了绿色信贷。由于控制变量的选择主要是针对信贷利息支出区位熵，所以对利息支出增长率的影响相关性不是太大。从第（6）列的结果来看，只有行业出口率对利息支出增长率具有显著的正向影响，利润率、营收能力和国家资本占比均不显著。

三、动态效应检验

前文验证了绿色信贷政策对“两高”行业的信贷起到显著的抑制作用。在前文的基础上，我们继续检验绿色信贷政策的动态效应。具体策略为，借鉴雅各布森等（Jacobson et al.，1993）的事件研究法，将基准模型中的 $gr\times$

T变量修改为每一年的虚拟变量与 gr 相乘，获得九个虚拟变量，具体模型为：

$$loan_{ipt} = \theta_0 + \sum_{t=2007}^{2016} \theta_t gr_{ipt} \times T^t + \lambda X_{ipt} + \mu_i + \nu_p + \gamma_t + \varepsilon_{ipt} \quad (7-3)$$

其中，gr 为“两高”行业的虚拟变量；T^t 为第 t 年的虚拟变量，如果 $t=2008$，则2008年这一年所有行业的 T 值为1，其他为0；θ_t 为每年的估计系数。式（7－3）是以2007年为基准年，考察2007年以后每年 θ_t 的系数符号和系数大小，可以判断绿色信贷政策对信贷利息支出区位熵的动态影响效应。

根据式（7－3），表7－4汇报了相应的估计结果。从五个模型估计结果来看，不管是采用OLS估计还是FE估计，不管是仅控制年份、省份、行业固定效应，还是控制年份×省份固定和年份×行业固定的多种固定效应，除第（2）列和第（3）列2010年 $gr \times T$ 的系数显著为正之外，$gr \times T$ 在2012年以前的系数均不显著，而2012年之后 $gr \times T$ 均为负；显著性方面，在2015年以后，第（4）列和第（5）列不再显著。从系数大小来看，2012年以后，各年的系数呈现越来越小的趋势。

表7－4　　动态分析

解释变量	被解释变量：*loan*				
	OLS	FE	OLS	FE	FE
	(1)	(2)	(3)	(4)	(5)
$gr \times T2008$	0.839 (1.789)	0.024 (0.531)	0.048 (0.530)	0.048 (0.643)	0.024 (0.640)
$gr \times T2009$	0.672 (1.835)	0.020 (0.534)	0.044 (0.533)	0.045 (0.717)	0.020 (0.730)
$gr \times T2010$	2.083 (1.839)	1.035* (0.532)	1.038* (0.531)	1.039 (0.685)	1.035 (0.691)
$gr \times T2011$	-0.230 (1.574)	-0.856 (0.535)	-0.843 (0.534)	-0.843 (1.044)	-0.856 (1.051)
$gr \times T2012$	-2.746* (1.603)	-3.206*** (0.546)	-3.202*** (0.545)	-3.201*** (1.147)	-3.206*** (1.155)
$gr \times T2013$	-2.459 (1.605)	-2.868*** (0.544)	-2.864*** (0.543)	-2.864** (1.209)	-2.868** (1.218)

续表

解释变量	被解释变量：*loan*				
	OLS	FE	OLS	FE	FE
	(1)	(2)	(3)	(4)	(5)
gr × *T*2014	-2.050 (1.618)	-2.643*** (0.545)	-2.637*** (0.544)	-2.636* (1.334)	-2.643* (1.340)
gr × *T*2015	-1.838 (1.651)	-2.354*** (0.543)	-2.342*** (0.542)	-2.341 (1.400)	-2.354 (1.412)
gr × *T*2016	-1.921 (1.705)	-2.229*** (0.543)	-2.224*** (0.542)	-2.223 (1.373)	-2.229 (1.383)
export	-0.205*** (0.053)	0.120 (0.089)	0.127 (0.089)	0.127*** (0.031)	0.120*** (0.027)
profit	0.065 (0.051)	-0.196*** (0.024)	-0.192*** (0.024)	-0.192*** (0.043)	-0.196*** (0.043)
inc_cap	0.078*** (0.029)	0.068*** (0.026)	0.068*** (0.026)	0.068 (0.044)	0.068 (0.045)
own	0.609 (0.385)	-0.010 (0.330)	-0.079 (0.329)	-0.079 (0.384)	-0.010 (0.358)
常数项	7.398*** (0.869)	10.433*** (0.262)	12.114*** (0.730)	11.517*** (1.030)	10.433*** (0.618)
年份固定	Y	Y	Y	Y	Y
省份固定	Y	Y	Y	Y	Y
行业固定	Y	Y	Y	Y	Y
年份×省份固定	N	N	Y	Y	N
年份×行业固定	N	N	N	N	Y
F	58.896	30.932	22.945	23.121	22.125
R^2	0.429	0.127	0.132	0.132	0.127
N	5343	5343	5343	5343	5343

注：括号内的数值为聚类标准误。***、**、*分别表示在1%、5%、10%的显著水平上变量显著。

图7-2是根据表7-3第（6）列的估计结果绘制的动态效应趋势图。可以看出，2012年以前，绿色信贷政策对行业信贷有负向影响，并不显著；但2012年之后，系数趋势线全部位于横轴以下，说明显著为负。但是数值越来

越趋向于0，说明绝对值越来越小，即绿色信贷对“两高”行业的信贷抑制作用在变小。通过动态效应分析可以发现，一项政策的执行，往往存在政策执行的开始几年效果比较明显，而之后的几年，效果越来越小。

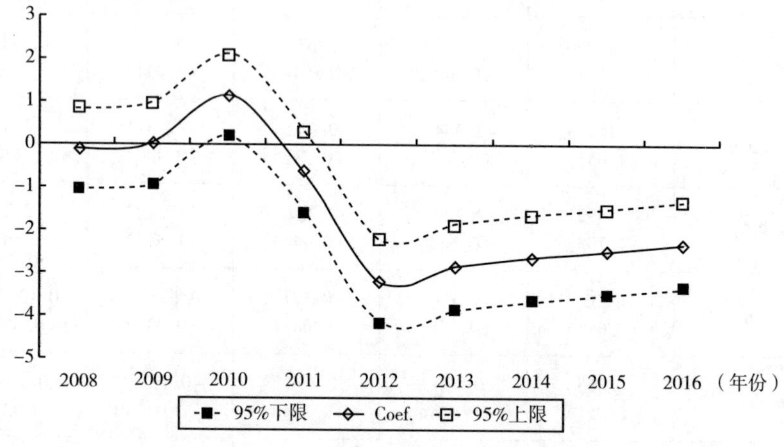

图 7-2 绿色信贷政策的动态效应趋势

四、安慰剂检验

为了进一步检验绿色信贷政策是否实现了绿色信贷，可采用安慰剂检验的办法进一步进行检验。具体策略为，借鉴蔡等（Cai et al.，2016）的做法，假定“两高”行业为“金属制品业、通用设备制造业、专用设备制造业、交通运输设备制造业、电气机械及器材制造业”等行业，将这几个行业作为处理组，其他行业为控制组，利用式（7-1），估计结果见表 7-5。从六个模型的估计结果来看，绿色信贷政策对上述五个行业的信贷模型具有显著的正向影响，说明如果假设上述五个行业为“两高”行业，那么绿色信贷政策对上述五个行业的信贷不具有抑制作用，反而是提高了这些行业的信贷规模。从另一个侧面验证了绿色信贷政策对“两高”行业信贷的抑制作用，即银行对“两高”行业的贷款减少，把多余款项提供给与“两高”行业相近的其他行业，“金属制品业、通用设备制造业、专用设备制造业、交通运输设备制造业、电气机械及器材制造业”这些行业的信贷规模显著上升。安慰剂检验结果再次验证绿色信贷政策实施实现了真正的绿色信贷，假说 3 得以验证。

表 7-5　　安慰剂检验

解释变量	被解释变量：*loan*					
	OLS	FE	OLS	FE	FE	FE
	(1)	(2)	(3)	(4)	(5)	(6)
gr × *T*	1.471*** (0.361)	1.623*** (0.359)	1.507*** (0.502)	1.673*** (0.403)	1.675*** (0.400)	1.812*** (0.603)
export			-0.216* (0.120)	0.111*** (0.026)	0.121*** (0.031)	0.112*** (0.026)
profit			0.042 (0.042)	-0.226*** (0.039)	-0.222*** (0.038)	-0.224*** (0.039)
inc_cap			0.089 (0.067)	0.101* (0.056)	0.102* (0.054)	0.138** (0.052)
own			0.522 (0.753)	-0.091 (0.347)	-0.160 (0.367)	-0.086 (0.360)
常数项	8.856*** (1.740)	8.920*** (0.445)	7.812*** (1.951)	10.503*** (0.631)	11.600*** (1.035)	10.882*** (0.675)
年份固定	Y	Y	Y	Y	Y	Y
省份固定	Y	Y	Y	Y	Y	Y
行业固定	Y	Y	Y	Y	Y	Y
年份×省份固定	N	N	N	N	Y	N
年份×行业固定	N	N	N	N	N	Y
F	8.134	9.044	15.330	16.635	20.247	60.978
R^2	0.408	0.083	0.426	0.111	0.117	0.113
N	6298	6298	5343	5343	5343	5343

注：括号内的数值为聚类标准误。***、**、* 分别表示在 1%、5%、10% 的显著水平上变量显著。

五、PSM-DID 检验

DID 并不能解决政策的内生性问题，而采用 PSM-DID 可以有效地解决部分内生性问题（刘瑞明和赵仁杰，2015；袁航和朱承亮，2018）。其基本思想是在绿色信贷政策不影响的非“两高”行业中找到某个行业，使其与实践绿色信贷政策影响的“两高”行业的可观测变量尽可能相似（即为匹配），当某一个行业是否受到绿色信贷政策影响完全取决于可观测的控制变量时，两个行业受到绿色信贷政策的概率相近，此时便可以进行相互比较。PSM-DID 可以解决 DID 中处理组与控制组在受到绿色信贷政策影响前不完全具备共同趋势假说带来的问题。本章采用核匹配方法进行匹配，利用匹配后的样本对 DID 回归，表 7－6 汇报了估计结果。

表 7－6　　PSM-DID 检验

解释变量	被解释变量：*load*		被解释变量：*gr_load*	
	（1）	（2）	（3）	（4）
gr × *T*	－2.688** （1.005）	－2.750** （1.013）	－0.912*** （0.282）	－0.836*** （0.274）
export	0.128*** （0.030）	0.106*** （0.028）	0.075*** （0.027）	0.120*** （0.033）
profit	－0.193*** （0.043）	－0.195*** （0.043）	－0.086*** （0.030）	－0.088*** （0.031）
inc_cap	0.092** （0.043）	0.104** （0.046）	0.101*** （0.034）	0.116*** （0.035）
own	－0.054 （0.395）	－0.027 （0.365）	－0.141 （0.385）	－0.061 （0.404）
常数项	11.380*** （1.007）	10.836*** （0.671）	1.352*** （0.413）	3.209*** （0.585）
年份固定	Y	Y	Y	Y
省份固定	Y	Y	Y	Y
行业固定	Y	Y	Y	Y
年份×省份固定	Y	N	Y	N
年份×行业固定	N	Y	N	Y
F	28.237	44.045	16.328	27.554
R^2	0.130	0.128	0.176	0.176
N	5234	5234	4609	4609

注：括号内的数值为聚类标准误。***、**、*分别表示在 1%、5%、10% 的显著水平上变量显著。

四个模型均控制了年份、省份和行业固定效应，第（1）列和第（3）列还控制了年份与省份的交互项固定效应，第（2）列和第（4）列控制了年份与行业的交互项固定效应。前两列的被解释变量为工业行业贷款利息支出区位熵，结果发现绿色信贷政策的系数均显著为负，而且两个系数相关非常小。后两列的被解释变量为工业行业贷款利息支出增长率，结果也是显著为负，系数大小差不多。控制变量里只有国有资产变量不显著，其他变量均与基准回归一致。PSM-DID 的分析结果与前面的分析结果一致。

第五节　进一步分析

本章已经论证了绿色信贷政策的有效性，但是不同地区、不同类型的行业对绿色信贷政策冲击的反应是否存在一些差异？对于该问题的深入分析有助于理解绿色信贷政策的作用机制和条件。因此，本章分别从区域异质性和行业异质性两个方面对绿色信贷政策影响工业行业信贷利息支出的异质性展开分析。

首先，样本分为东部、中部、西部和东北地区四个子样本。划分上述四个区域进行异质性分析与区域发展战略考虑一致，四个地区分别代表改革开放先行地区、西部大开发地区、中部崛起地区和东北老工业振兴地区，分析绿色信贷政策对四个区域工业行业信贷规模的差异化影响，对于区域发展具有重要的指导意义。表 7 - 7 的四个模型分别为绿色信贷政策对东部、中部、西部和东北地区样本的回归结果，研究发现绿色信贷政策显著降低了东部、中部和西部地区三个子样本的“两高”行业的信贷利息支出，且对东部地区的影响最大，西部次之，对中部地区的影响最小；而对东北地区工业行业信贷利息支出的影响为正，并不显著。这可能是由于东北地区作为老工业基地，近年来面临诸多发展的问题，比如人才外流，资源型产业复兴难等，为了减少“两高”产业的衰落对经济产生的不利影响，该地区在执行国家绿色信贷政策时存在执行不彻底的现象，导致估计系数为正，但并不显著。正如闫春英（2018）所说，东北振兴继续加强绿色信贷支持力度，同时还要完善绿色金融监管机制。综合上述分析，假说 4 得以验证。

表 7-7　　　　区域异质性分析

解释变量	被解释变量：*loan*			
	东部	中部	西部	东北
green	-3.945** (1.519)	-1.940** (0.851)	-3.073** (1.530)	0.715 (2.149)
export	0.894 (3.052)	1.904 (1.449)	0.140*** (0.043)	-4.628 (3.149)
profit	-0.254*** (0.082)	-0.094 (0.063)	-0.180** (0.084)	-0.210* (0.113)
inc_cap	0.038 (0.068)	-0.001 (0.060)	0.091 (0.069)	0.079 (0.117)
own	0.143 (1.476)	3.242* (1.683)	-0.235 (0.268)	1.241 (1.397)
常数项	16.588*** (2.339)	15.317*** (2.701)	7.687 (11.064)	9.452 (11.053)
年份固定	Y	Y	Y	Y
省份固定	Y	Y	Y	Y
行业固定	Y	Y	Y	Y
F	4.797	5.826	4.078	2.939
R^2	0.180	0.165	0.159	0.089
N	1912	1321	1556	554

注：括号内的数值为聚类标准误。***、**、*分别表示在1%、5%、10%的显著水平上变量显著。

其次，从国家资本占比和行业利润率的异质性对工业行业贷款利息支出的影响进行分析。表7-8前两列分别汇报了国家资本占实收资本的比重小于平均值（0.15）和大于平均值两个样本的回归结果，研究发现绿色信贷政策对两个子样本中的工业行业贷款利息均有显著的负向作用，分别在10%和1%水平上显著。从系数大小来看，国家资本占实收资本的比重较低的“两高”行业，其信贷规模受绿色信贷政策影响相对小一些，但国家资本占实收资本的比重较高的“两高”行业，成为国家重点实施绿色信贷政策的对象，其受到的信贷抑制作用更大。后两列分别汇报了行业利润率大于零和小于零两个子样本的回归结果，研究表明绿色信贷政策对两个子样本中的工业行业贷款利息具有显著的负向影响，且均在1%水平上显著，但是前者的估计系数大于后者。这说明绿色信贷政策对“两高”行业中利润率小于零的行业信贷规模的抑制作用更大，假说5得以验证。

表7-8　国家资本占比不同和利润不同的行业异质性分析

解释变量	被解释变量：*loan*			
	own < 平均值	own > 平均值	Profit < 0	Profit > 0
green	-1.759 * (0.913)	-4.626 *** (1.445)	-11.704 *** (3.302)	-2.455 *** (0.774)
export	0.066 * (0.037)	0.545 (0.898)	-0.096 (0.090)	0.268 (0.163)
profit	-0.179 *** (0.057)	-0.181 * (0.095)	0.177 (0.207)	-0.190 *** (0.051)
inc_cap	0.010 (0.042)	0.188 * (0.110)	-0.094 * (0.054)	0.093 ** (0.041)
own	-4.399 (2.989)	0.072 (0.374)	-1.470 (2.090)	-0.003 (0.331)
常数项	12.646 *** (1.312)	12.350 *** (2.328)	22.362 *** (5.793)	11.993 *** (1.176)
年份固定	Y	Y	Y	Y
省份固定	Y	Y	Y	Y
行业固定	Y	Y	Y	Y
F	8.499	2.464	4.722	8.120
R^2	0.129	0.177	0.443	0.123
N	3812	1531	191	5152

注：括号内的数值为聚类标准误。***、**、*分别表示在1%、5%、10%的显著水平上变量显著。

第八章　绿色金融与经济高质量发展：基于产业结构升级的研究

第一节　引　言

2017年，中共十九大报告首次提出高质量发展，要求“中国经济由高速增长阶段转向高质量发展阶段”。经济高质量发展是我国在新时期对国民经济发展方向的重要战略选择，也是我国面对各种国际不确定因素和环境问题的重要战略选择。因此，经济高质量发展成为学术界关注的热点。通过查阅中国知网期刊数据库中CSSCI收录论文，我们发现在2018年以前，基本上没有以高质量发展为题目的论文，在2018年该主题的论文数达到227篇，2019年达到481篇，2020年突破600篇。

对当前经济高质量发展相关的文献进行梳理，可以总结为以下两个方面：

第一，经济高质量发展的测算。众所周知，经济增长速度很好测度，但经济高质量发展是一个新名词，对其内涵和测算是一个新问题。较早的文献主要从构建指标体系出发，试图测算经济高质量发展。张国庆和闫慧贞（2020）、秦琳贵和沈体雁（2020）采用全要素生产率替代高质量发展。史丹和李鹏（2019）、陈明艺和李娜（2020）、刘亚雪等（2020）、刘瑞和郭涛（2020）等从创新、协调、绿色、开放、共享五个角度构建了经济高质量发展的指标体系，分别对中国的省级数据和99个国家样本进行研究。西北大学的任保平教授团队一直关注经济高质量发展，分析从经济增长速度、经济结构、创新成果质量和经济发展可持续性四个方面（任保平和李禹墨，2018），基于经济增长基本面和社会成果两个维度（师博和任保平，2018）提出构建高质量发展的指标体系，并将高质量发展的评判体系分为指标体系、政策体系、标准体系、统计体系、绩效评价体系、政绩考核体系（任保平和李禹墨，2018)。魏敏和李书昊（2018）利用熵权 TOPSIS 法从结构优化、创新驱动、资源配置、市场机制、经济增长、区域协调、产品服务、基础设施、生态文明和经济成果 10 个方面测算了经济高质量发展水平。李金昌等（2019）从“人民美好生活需要”和“不平衡不充分发展”两个方面入手，构建了经济活力、创新效率、绿色发展、人民生活、社会和谐五个方面的指标体系来测度高质量发展。

第二，对影响高质量发展因素进行了全面综合的研究。其中，从产业集聚（黄永明和姜泽林，2019)、高技术产业集聚（马昱等，2020)、绿色产业集聚（周凤秀和温湖炜，2019)、产业整合创新（郭朝先，2019）等角度考察对高质量发展的影响。从政府的角度，如减税降费（王业斌和许雪芳，2019)、政府规模（李元旭和曾铖，2019)、工地资源配置（王克强等，2019)、增长动力转换（刘秉镰和陈诗一，2019)、财政纵向失衡和土地财政（储德银和费冒盛，2020)、市场分割（孙博文和雷明，2018)、工业布局优化（罗良文和赵凡，2019)、城市群空间功能分工（刘胜等，2019）等方面研究如何影响高质量发展。从科技人才（马茹等，2019)、技术进步的方向（涂正革和陈立，2019)、技术创新（李元旭和曾铖，2019）等技术进步和创新角度考察对高质量发展的影响。从金融领域的影子银行（彭俞超和何山，2020)、互联网资本（王文涛和曹丹丹，2020)、金融结构（黄永明和姜泽林，2019）等考察对高质量发展的影响。从环境污染（詹新宇和曾傅雯，2019)、环境规制（涂正革等，2019)、污染治理（陈诗一和陈登科，2018)、产业生态系统（孙丽文等，2020）等研究对经济高质量发展的影响。除了前两类，其他研究方向较为分散，主要研究具体产业的高质量发展等。

从上述的研究中，有关绿色发展、金融发展是研究的重要方向。但是当前的研究将绿色与金融结合起来考察对高质量发展影响的较少。本章正是在此背景下，将绿色与金融结合，研究绿色金融与经济高质量发展的关系，以期为高质量发展提供来自绿色金融方面的对策建议。

第二节　文献回顾与理论分析

从发达国家的发展历程来看，经济增长的发展过程均伴随着环境污染、生态退化的过程。最为典型的例子是 20 世纪 60 年代的英国的烟雾事件，美国、德国、日本和韩国等，都经历了牺牲环境换增长的过程。因此，世界各国均在呼吁绿色发展，而我国提出的高质量发展正是以绿色发展为主的经济发展方式。要实现绿色发展，就需要大力发展绿色金融和绿色技术。绿色金融可以认为是绿色发展的“润滑剂”和“助力器”。绿色金融对高质量发展的影响可以归纳为以下三个路径：

第一，绿色金融直接促进了绿色经济的发展。金融作为资源配置方式，绿色金融是将金融资源配置到绿色产业，从而鼓励节能环保产业的发展，限制了污染高、能耗高的产业，实现绿色产业与金融的结合（安伟，2008；杜莉和郑立纯，2019）。考恩（Cowan，1998）将绿色金融视为一种特殊的服务业，通过金融的资源配置功能有针对性的支持企业发展绿色经济，进而促进经济的绿色化。拉巴特和怀特（Labatt and White，2002）认为绿色金融的本质就是利用金融工具的创新来实现绿色经济的发展，也就是如何有效利用金融手段来促进经济发展的绿色化。帕瓦达瓦蒂尼等（2016）利用印度的数据验证了绿色金融可以减少大气中的碳排放，进而促进绿色经济的发展。王海全等（2017）将绿色金融、环境污染和绿色经济增长内生到经济增长模型中，从理论上验证了绿色金融对绿色经济的具体影响机理。

第二，绿色金融与高质量发展的耦合关系。绿色创新是实现金融业高质量发展的根本要求，绿色金融的发展是新时代发展绿色经济的核心，通过绿色金融的发展，可以防范系统性环境风险和实现经济绿色发展（雷立钧和高红用，2009）。因此，发展绿色金融既有来自行业自身的需要，也有来自绿色经济高质量发展的需要。国外的研究表明，发展绿色金融、促进环境保护和发展绿色经济具有一致性，绿色金融有利于提高金融资源的利用效率，减少碳排放（Salazar，1998）。绿色金融可以深化供给侧结构性改革、加快新旧动能转换，通过优化经济结构实现经济高质量发展（徐胜等，2018），引导金融资源向节能环保绿色产业流动，进而带动其他生产要素的优化配置，实现优化产业结构、促进区域经济发展的目标（宁伟，2014）。绿色金融还可以推进实体经济的创新驱动发展；反过来，在企业层面、产业层面和政策层面的创新驱动发展也给绿色金融发展带来机遇（宁伟和佘金花，2016）。刘锡良和文书洋（2019）也发现，发展绿色金融与合理承担社会生态责任是支持经济增长质量提升的重要手段，也是中国金融机构未来发展的重要方向。董晓红和富勇（2018）利用耦合度模型发现，我国 30 个省的绿色金融发展与绿色经济之间呈现高度耦合协调现象。因此，绿色金融与经济高质量发展之间存在一定的耦合关系。

第三，绿色金融促进产业结构升级。绿色金融可以通过重构和优化绿色产业、绿色制造和绿色消费体系（安伟，2008）、金融工具创新实现金融资本向绿色产业流动（Cowan，1998），还可以通过促进创新、绿色技术实现节能减排和降低能耗，提升经济的绿色化水平（安伟，2008）。具体来看，绿色金融推动产业结构转型升级的机理可以归纳为：一是资金流向机制。考恩（Cowan，1998）、萨拉扎（Salazar，1998）的研究认为，绿色金融可以通过创新金融工具以引导资金向绿色产业流动，资金的流向又带来劳动力等生产要素也向绿色产业流动，从而促进产业结构升级。从我国的实践来看，绿色金融的确让资金不断从“两高一剩”行业流向环保产业，从而实现了产业结构升级和高级化（陈智莲，2018）。绿色金融对产业结构升级的影响还表现在对环境风险的规避（龙云安和陈国庆，2018）。二是产业整合机制。金融市场的发展和完善，特别是绿色金融市场的发展，能发挥金融对要素集聚的优势，为绿色企业提供足够的资金需求，实现规模经济，从而打破行业限制和壁垒（李亮和李晓红，2019），提升绿色企业的跨行业发展和整合能力，形成长足的竞争能力（龙云安和陈国庆，2018）。同时，在资本向绿色产业流动的过程中，还会形成品牌、专利和技术等无形资产的优势（田惠敏 2018），让绿色企业在整合同类行业和相近行业时具有无形资产的优势，可以加速绿色行业的整合，从而促进产业结构的优化（钱水土等，2018）。三是政策引导机制。绿色金融受到国家的重点关注，出台相应的法规和规范文件来促进绿色金融的发展，比如《绿色信贷指引》等。这些政策可以减少高能耗信贷，鼓励节能环保产业发展，从而实现经济向绿色发展转型（黄建欢等，2014）。总体而言，绿色金融可以通过资本流动、产业整合和政策引导来促进产业结构升级，最终促进经济高质量发展（见图 8－1）。

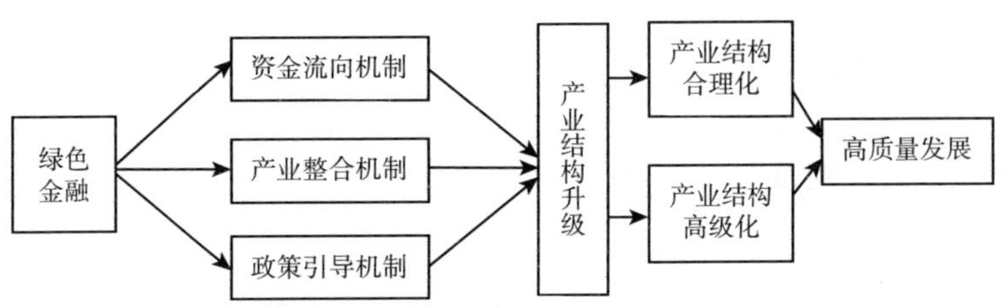

图 8－1　绿色金融与产业结构升级、高质量发展的影响机制

第三节　模型设定与变量说明

一、模型设计

根据前文的理论分析，借鉴汪伟等（2015）的思路，采用以下计量模型进行估计：

$$ind_{it} = \alpha + \beta \times green_{it} + X\gamma + \mu_i + \nu_t + \xi_{it} \tag{8-1}$$

其中，*ind* 代表产业结构调整的具体指标；*green* 为绿色信贷指标；*X* 为影响产业结构变化的一系列控制变量矩阵；γ 为控制变量的系数矩阵；μ_i 和 ν_t 分别表示随时地区和时间变化的因素，用于控制时间控制效应和地区固定效应；ξ_{it} 为随机扰动项。

考虑到产业结构的演变和绿色信贷可能存在空间自相关性，采用普通面板模型可能导致估计偏误。于是，我们利用空间计量模型进行识别绿色信贷与产业结构之间的关系：

$$ind_{it} = W \times ind_{it} + \beta \times green_{it} + X\gamma + \mu_i + \nu_t + \xi_{it} \tag{8-2}$$

$$ind_{it} = Wind_{it} + \beta \times green_{it} + \delta \times W \times green_{it} + X\gamma + W \times X\varphi + \mu_i + \nu_t + \xi_{it} \tag{8-3}$$

式（8－2）和式（8－3）中，*W* 为空间权重矩阵。式（8－2）为仅考虑产业结构的空间滞后项，故此模型为空间自回归模型；式（8－3）为空间杜宾模型，不仅考虑了产业结构的空间滞后项，还考虑了所有解释变量的空间滞后项。

二、变量说明

（一）被解释变量

1. 产业结构升级

借鉴徐敏、姜勇（2015）和汪伟等（2015）的方法，将第一、第二、第三产业均包含在内，构建产业结构升级指数：

$$indup = \sum_{i=1}^{3} x_i \times i \tag{8-4}$$

其中，*indup* 代表产业结构升级；i 代表第 i 次产业，i 取 1，2，3；x_i 为第 i 次产业增加占总增加值的比重。按照产业结构演变的规律，劳动力是从第一产业向第二产业转移，从第二产业向第三产业转移。所以，给越高级的产业赋值越高，可以更好地体现三次产业之间的升级状况。该指数的值介于 1～3，数值越大，代表该地区的产业结构水平越高。除了产业结构升级之外，我们还用产业结构合理化和产业结构高级化两个指标进行更深层次的研究。

2. 产业结构合理化

产业结构的合理化主要表现为产业的结构协调化、结构功能化、动态均衡化和资源配置合理化等特征。对于四个特征，资源配置合理化着眼于要素资源在不同产业间的配置协调过程，提升资源配置效率，可度量性更强。借鉴干春晖等（2011）的测算方法，采用要素投入结构与产业结构的耦合程度来度量产业结构的偏离度：$E = \sum_{i=1}^{3} \left| \frac{Y_i}{L_i} / \frac{Y}{L} - 1 \right|$，$Y$ 与 L 分别代表产业和劳动投入，i 代表第 i 次产业。该指数数值越大，代表产业合理化程度越低，越趋近于 0，产业结构越合理。在产业结构偏离度的基础上，测算产业结构的合理化指数：

$$indrat = 1 / \sum_{i=1}^{3} \frac{Y_i}{Y} \times \left| \frac{Y_i}{L_i} / \frac{Y}{L} - 1 \right| \tag{8-5}$$

其中，*indrat* 代表产业结构合理化指数。该指数保留了产业结构偏离度的优点，并通过产值加权来体现各产业的重要程度。*indrat* 越大，说明产业结构合理化程度越高。

3. 产业结构高级化

随着经济不断增长，产业结构会按照其演变规律而呈现有规律的变化过程。由此，借鉴付凌晖（2010）的测算方法，产业结构高级化（*indadv*）定义为：

$$indadv = \sum_{k=1}^{3} \sum_{j=1}^{k} \arccos \frac{X_j \times X_0^T}{\sqrt{X_j \times X_j^T} \times \sqrt{X_0 \times X_0^T}} \tag{8-6}$$

其中，i 和 j 均代表第 i 或者 j 次产业；x_i 为第 i 次产业增加值占 GDP 的比重；$X_0 = (x_1, x_2, x_3)$；X_j 分别代表 $X_1 = (1, 0, 0)$、$X_2 = (0, 1, 0)$、$X_3 =$

(0，0，1)。公式的含义为，分别计算出 X_0 与产业从低层次到高层次排列的向 X_j 的夹角，再将夹角的余弦值加总后得到产业结构的高级化指数值。*indadv*值越大，说明产业结构高级化水平越高。

（二）核心解释变量

绿色信贷（*green*）。本章参照谢婷婷和刘锦华（2019）的研究，将化学原料及化学制品制造业、非金属矿物制品业、黑色金属冶炼及压延加工业、有色金属冶炼及压延加工业、石油加工炼焦及核燃料加工业、电力热力的生产和供应业定义为高耗能高污染行业。为了让指标成为正向指标，我们将除了六个高耗能高污染行业之外的利息支出占总利息支出作为绿色信贷的指标。该指标对产业结构的影响系数为正，说明绿色信贷促进了产业结构的升级。

（三）控制变量

借鉴蓝庆新和陈超凡（2013）、贾妮莎等（2014）、汪伟等（2015）、邓慧慧等（2019）的研究，我们控制了以下因素：

（1）经济发展水平（ln*pgdp*）：采用以 2000 年为基期的实际人均 GDP 取自然对数进行衡量。按照产业结构的演变规律，随着人均 GDP 的上升，产业结构会从第一产业为主演变为以第二产业为主，再演变为以第三产业为主。因此，人均 GDP 与产业结构之间存在正向关系，预期其估计系数为正。

（2）城镇化率（*urb*）：采用城镇人口占总人口的比重衡量。根据城镇化的进程，城镇化率的提升，产业结构也会作相应的转变（蓝庆新和陈超凡，2013）。预期其符号为正。

（3）国有化程度（*nown*）：采用国有职工占总职工人数的比重来衡量。褚敏和靳涛（2013）的研究发现，国有企业垄断是影响中国产业结构升级的重要因素。国有化程度越高，意味着市场化水平相对越弱。盛丹和王永进（2013）的研究也发现，市场化程度会对地区的技术复杂度产业具有重要影响。预期其符号为负。

（4）对外开放水平（ln*fdi*）：采用实际利用外商直接投资额的自然对数。特别说明的是，本章根据每年的汇率将外商直接投资额转换以人民币计价的外商直接投资，再以 2000 年为基期计算实际的外商直接投资。外商投资水平会带来产业结构的变化，特别是一些技术密度型的外商投资，会促进第二产业的发展（赵红和张茜，2006），但第三产业的外商投资较少，所以其影响不确定的。

（5）财政分权（*fiscal*）：借鉴傅勇和张晏（2007）的方法，采用各省人均财政支出占中央人均财政支出的比重来衡量。魏福成等（2013）的研究发现，中国的财政分权是阻碍产业结构升级的重要因素，预期为负。

（6）基础设施水平（*road*）：本章借鉴刘秉镰等（2010）的方法，采用每平方公里的公路里程来衡量。根据吴福象和沈浩平（2013）的研究，基础设施会通过空间溢出效应来促进产业结构升级，预期为正。

三、数据来源

本章的研究数据主要来源于《中国统计年鉴》《中国工业经济年鉴》。其中，绿色信贷数据主要来源于 EPS 的《中国工业经济数据库》，其他指标主要来源于 EPS 的《中国宏观经济数据库》。由于目前工业行业的银行信贷利息支出最新公布到 2016 年，而且本章主要研究新世纪的产业结构变化问题。因此，本章的研究周期为 2001 ~2016 年。由于西藏的数据缺失比较严重，所以在分析过程中，删除了西藏的样本，最后的研究样本为 30 个省 16 年的面板数据，总样本量为 480 个。表 8 -1 为主要变量的描述性统计。

表 8 -1　　主要变量的描述性统计

变量	变量含义	样本量	平均值	标准误	最小值	最大值
indup	产业结构升级指数	480	2.286	0.126	2.028	2.797
indrat	产业结构合理化指数	480	13.536	12.735	1.555	90.064
indadv	产业结构高级化指数	480	6.484	0.313	5.845	7.600
green	绿色信贷指数	480	98.587	0.844	89.352	99.783
ln*pgdp*	经济发展水平	480	10.035	0.798	7.971	11.680
ln*fdi*	对外开放水平	480	5.715	1.489	1.872	9.082
urb	城镇化水平	480	50.190	14.966	23.370	90.650
nown	国有化程度	480	0.774	0.145	0.330	0.960
road	基础设施水平	480	12.264	4.332	3.900	25.820
fiscal	财政分权	480	1.163	1.094	0.391	6.655

第四节　实证结果分析

一、空间相关性检验

（一）莫兰指数

根据模型设定，应该采用空间计量模型进行估计。但是，在使用空间计量模型估计之前，需要对主要变量是否具有空间自相关进行检验。空间自相关的检验方法一般采用莫兰指数（*Moran's I*）进行，其公式为：

$$Moran's\ I = N\sum_{i=1}^{N}\sum_{j=1}^{N} w_{ij}(y_i - \bar{y})(y_j - \bar{y}) / \sum_{i=1}^{N}\sum_{j=1}^{N} w_{ij}\sum_{i=1}^{N}(y_i - \bar{y})^2 \tag{8-7}$$

其中，*Moran's I* 为全局空间自相关指数；N 为省份个数；y_i 和 y_j 分别为第 i 和 j 省份具体变量，本章主要指标产业结构和绿色信贷指标；$\bar{y}$ 为 31 个省份变量的平均值；W_{ij} 为空间关系权重矩阵。*Moran's I* 指数取值区间为 [-1, 1]，*Moran's I* 指数接近 1 或者 -1 表示这个变量呈现空间正相关或者负相关，空间集聚特征明显；*Moran's I* 指数接近 0，表示变量在空间自相关特征不存在。用标准化统计量 $Z = [I - E(I)] / \sqrt{VAR(I)}$ 可以检验 *Moran's I* 指数的显著性水平，若 $Z > 0$ 且通过 Z 值显著性检验，表明变量在空间上呈显著性正相关；若 $Z < 0$ 且通过 Z 值显著性检验，表明变量在空间上呈显著性负相关；否则，空间相关性不显著。

（二）空间权重矩阵设定

由地理学第一定律可知，空间上的任何事物之间均相关，并且这种相关性与事物间的距离呈现负向关系，距离越近，相关性越强。借鉴张旭亮等（2017）、彭继增等（2019），根据地理学第一定律和经济活动的关系，本章构建了三个空间权重矩阵：

第一，仅考虑空间邻近关系特征而设置的空间邻近权重矩阵（$W1$），具体的构建方法为，如果两个地区具有公共点则认为两个地区相邻，其赋值为

1，否则赋值为0。需要特别说明的是，在构建空间邻近矩阵时，海南省作为岛屿省份，与其他省份并没有公共点，但是考虑到它与广西和广东邻近，视同为相邻地区。

第二，考虑到地理距离对空间相关性的影响，将任意两个省市行政中心之间的地理距离倒数构成的地理距离权重矩阵（*W*2），地理距离越近则空间权重越大。

第三，将经济活动与地理距离综合考虑而构建的经济距离空间权重矩阵（*W*3），两个地区的空间相互关系与其经济发展水平成正比，与其距离成反比，从而将两个地区的人均 GDP 的乘积除以两个地区的距离平方计算得到。

（三）空间相关性检验

表 8－2 和表 8－3 为采用三种空间权重矩阵测算的 2001～2016 年我国产业结构升级、合理化、高级化，以及绿色信贷的 *Moran's I* 指数。从结果来看，在 16 年的时间里，产业结构指标的空间相关性呈现一定的波动变化。

表 8－2　　空间相关性检验结果（1）

年份	*indup*			*indrat*		
	*W*1	*W*2	*W*3	*W*1	*W*2	*W*3
2001	0.173* (0.077)	0.053** (0.045)	0.181*** (0.009)	0.316*** (0.002)	0.062** (0.024)	0.038 (0.373)
2002	0.177* (0.07)	0.055** (0.041)	0.203*** (0.004)	0.300*** (0.004)	0.059** (0.029)	0.050 (0.292)
2003	0.172* (0.076)	0.066** (0.021)	0.21*** (0.003)	0.299*** (0.004)	0.053** (0.046)	0.064 (0.231)
2004	0.182* (0.062)	0.071** (0.015)	0.238*** (0.001)	0.264** (0.011)	0.033 (0.122)	0.037 (0.386)
2005	0.067 (0.357)	0.026 (0.146)	0.169*** (0.009)	0.288*** (0.005)	0.04 (0.083)	0.019 (0.511)
2006	0.064 (0.363)	0.021 (0.175)	0.182*** (0.005)	0.222** (0.029)	0.041* (0.084)	0.018 (0.522)
2007	0.100 (0.215)	0.027 (0.13)	0.211*** (0.001)	0.304*** (0.003)	0.037* (0.091)	0.012 (0.775)

续表

年份	indup			indrat		
	W1	W2	W3	W1	W2	W3
2008	0.104 (0.199)	0.022 (0.164)	0.238*** (0.000)	0.276*** (0.005)	0.034* (0.096)	0.028 (0.930)
2009	0.139 (0.114)	0.034* (0.096)	0.211*** (0.002)	0.278*** (0.002)	0.028 (0.103)	0.020 (0.843)
2010	0.198** (0.036)	0.048** (0.048)	0.262*** (0.000)	0.313*** (0.001)	0.035* (0.078)	0.026 (0.911)
2011	0.196** (0.037)	0.049** (0.044)	0.273*** (0.000)	0.342*** (0.000)	0.041*** (0.052)	0.034 (0.995)
2012	0.204** (0.032)	0.048** (0.047)	0.271*** (0.000)	0.315*** (0.001)	0.039* (0.052)	0.040 (0.94)
2013	0.215** (0.025)	0.048** (0.048)	0.274*** (0.000)	0.329*** (0.001)	0.047** (0.038)	0.042 (0.916)
2014	0.197** (0.038)	0.044* (0.060)	0.253*** (0.000)	0.330*** (0.001)	0.051** (0.039)	0.038 (0.962)
2015	0.173* (0.064)	0.048** (0.049)	0.214*** (0.002)	0.270*** (0.006)	0.038* (0.080)	0.025 (0.901)
2016	0.184 (0.053)	0.066** (0.017)	0.217*** (0.002)	0.257*** (0.009)	0.036* (0.091)	0.013 (0.788)

注：括号内是P值。*、**、***分别代表10%、5%、1%的显著性水平。

表8-3　　空间相关性检验结果（2）

年份	indadv			green		
	W1	W2	W3	W1	W2	W3
2001	0.195* (0.054)	0.063** (0.028)	0.203*** (0.004)	0.033 (0.573)	0.019 (0.228)	0.112* (0.08)
2002	0.198* (0.05)	0.065** (0.024)	0.23*** (0.001)	0.021 (0.658)	0.022 (0.79)	0.072 (0.224)
2003	0.192* (0.056)	0.079** (0.011)	0.243*** (0.001)	0.264*** (0.002)	0.171*** (0.000)	0.028 (0.929)
2004	0.203** (0.045)	0.086*** (0.006)	0.274*** (0.000)	0.107** (0.023)	0.083*** (0.000)	0.009 (0.565)

续表

年份	indadv			green		
	W1	W2	W3	W1	W2	W3
2005	0.112 (0.202)	0.051** (0.047)	0.220*** (0.002)	0.067 (0.190)	0.055*** (0.002)	0.029 (0.924)
2006	0.102 (0.231)	0.048* (0.054)	0.227*** (0.001)	0.094 (0.621)	0.066 (0.479)	0.005 (0.725)
2007	0.131 (0.147)	0.053* (0.041)	0.248*** (0.000)	0.036 (0.561)	0.026 (0.183)	0.013 (0.580)
2008	0.143 (0.118)	0.053** (0.040)	0.271*** (0.000)	0.025 (0.935)	0.029 (0.152)	0.064 (0.720)
2009	0.159* (0.092)	0.053** (0.041)	0.246*** (0.001)	0.283*** (0.005)	0.080*** (0.007)	0.095 (0.106)
2010	0.208** (0.035)	0.062** (0.025)	0.288*** (0.000)	0.191** (0.017)	0.05** (0.018)	0.022 (0.392)
2011	0.203** (0.038)	0.065** (0.020)	0.294*** (0.000)	0.266** (0.01)	0.094*** (0.003)	0.015 (0.549)
2012	0.216** (0.030)	0.064** (0.022)	0.290*** (0.000)	0.236** (0.029)	0.082** (0.012)	0.002 (0.711)
2013	0.229** (0.022)	0.063** (0.024)	0.291*** (0.000)	0.302*** (0.007)	0.093*** (0.006)	0.042 (0.381)
2014	0.225** (0.024)	0.06** (0.029)	0.276*** (0.000)	0.264** (0.016)	0.047** (0.078)	0.018 (0.854)
2015	0.204** (0.039)	0.063** (0.024)	0.243*** (0.001)	0.264*** (0.015)	0.106*** (0.002)	0.011 (0.785)
2016	0.213** (0.034)	0.079*** (0.009)	0.244*** (0.001)	0.080 (0.333)	0.046* (0.067)	0.004 (0.718)

注：括号内是P值。*、**、***分别代表10%、5%、1%的显著性水平。

具体来说，产业结构升级指数在权重矩阵（W3）全部显著为正，而产业结构合理化在空间邻近矩阵（W1）下全部显著为正。产业结构高级化指数在地理距离权重矩阵（W2）和经济距离空间权重矩阵（W3）下也全部显著为正。绿色信贷指数在三种权重下，部分年份并不显著。整体来看，三个产业结构指标均具有空间自相关的特征，而绿色信贷指标的空间自相关性相对弱一些。由此，本章后面的实证研究，先采用空间自回归模型进行估计，然后再采用空间杜宾模型进行估计。

（四）模型选择检验

空间计量经济模型主要有空间自回归模型（SAR）、空间误差模型（SEM）、空间杜宾面板（SDM），以及空间滞后误差模型（SAC）等。本章仅检验前三个模型的适用性，具体检验采用 Matlab9.6 实现。

根据表 8-4，利用 LM 检验发现，LM-error 和 LM-LAG 检验，三个模型均显著，但是 Robust LM-error 检验只有 SEM 模型显著，而 Robust LM-LAG 检验，只有 SEM 不显著。由此，可以判定，SAR 和 SDM 模型均适用。采用 Wald 检验发现，SAR 模型的 Wald spatial error 检验显著，说明是适用的；SEM 模型的 Wald spatial lag 检验不显著，说明 SEM 并不适用；SDM 的 Wald spatial error 检验和 Wald spatial lag 检验均显著，说明 SDM 是适用的。由此可以看出，SAR 和 SDM 在本研究是适用的。

表 8-4　　SAR、SEM 的 SDM 模型的适用性检验

检验方法		SAR	SEM	SDM
LM 检验	LM-error	25.212（0.000）	7.779（0.000）	21.666（0.000）
	LM-LAG	36.234（0.000）	9.544（0.000）	56.287（0.000）
	Robust LM-error	1.367（0.222）	9.876（0.000）	1.145（0.331）
	Robust LM-LAG	14.774（0.000）	0.053（0.820）	31.667（0.000）
LR 检验	Wald spatial error	22.120（0.000）	5.670（0.000）	15.912（0.000）
	Wald spatial lag	4.110（0.000）	1.110（0.320）	44.120（0.000）
模型适用性		适用	不适用	适用

二、空间自相关模型

根据式（8-2）和前文的空间自相关检验结果，我们采用空间自回归模型进行估计。具体分析过程，采用三个步骤完成。首先，检验绿色信贷对产业结构升级的影响。然后，将产业结构升级分为产业结构合理化和高级化，考察绿色信贷对产业结构合理化和高级化的影响。

（一）绿色信贷对产业结构升级的影响

表 8 - 5 汇报了基于 SAR 模型的绿色信贷与产业结构升级之间的估计结果。其中，前三列利用空间邻近权重矩阵分别在空间固定、时间固定和双固定三种情况下进行估计。从三个模型估计结果来看，绿色信贷对产业结构升级均具有显著的正向影响。而此时的产业结构升级的空间滞后项，在前两个模型显著为正，在第三个模型不再显著。说明排除时间和空间因素之后，产业结构升级的空间滞后影响不再存在。后三个模型分析采用双向固定的情况下，利用三种权重矩阵进行估计。

表 8 - 5　　基于 SAR 模型的绿色信贷对产业结构升级影响

解释变量	被解释变量：*indup*				
	空间固定（*W*1）	时间固定（*W*1）	双固定（*W*1）	双固定（*W*2）	双固定（*W*3）
	（1）	（2）	（3）	（4）	（5）
W × *indup*	0.376 *** （0.050）	0.131 *** （0.046）	0.107 （0.072）	1.066 *** （0.176）	0.123 （0.087）
green	0.005 *** （0.002）	0.014 *** （0.003）	0.006 *** （0.002）	0.006 *** （0.002）	0.006 *** （0.002）
ln*pgdp*	0.011 （0.008）	0.000 （0.018）	0.010 （0.018）	-0.000 （0.017）	0.016 （0.017）
urb	0.003 *** （0.001）	0.003 *** （0.001）	0.001 （0.001）	0.001 * （0.001）	0.001 （0.001）
ln*fdi*	-0.004 （0.005）	0.000 （0.003）	-0.011 ** （0.005）	-0.007 （0.005）	-0.011 ** （0.005）
road	-0.000 （0.001）	-0.005 *** （0.001）	-0.001 （0.001）	-0.000 （0.001）	-0.001 （0.001）
fiscal	-0.027 *** （0.006）	0.053 *** （0.005）	-0.024 *** （0.008）	-0.024 *** （0.007）	-0.024 *** （0.008）
nown	-0.101 *** （0.024）	-0.032 （0.031）	-0.035 （0.024）	-0.030 （0.023）	-0.034 （0.024）
N	480	480	480	480	480
R^2	0.413	0.698	0.471	0.310	0.591

注：括号内为稳健性标准误。*、**、*** 分别代表 10%、5%、1% 的显著性水平。

通过对比三个模型的结果，我们发现，绿色信贷对产业结构升级的影响系数均显著为正，而且三个模型的系数大小几乎没有变化。说明绿色信贷对产业结构升级的影响在双固定模型中，不管是采用何种空间权重，其影响均相对稳定，绿色信贷的确能带来产业结构的升级。当绿色信贷比例每上升一个百分点，产业结构将上升 0.006 个单位。

控制变量中，经济发展水平、基础设施两个变量的系数不显著，而城镇化水平在多个模型中具有显著的正向影响，可能的原因是三者具有一定的共线性，导致只有某一个变量显著。对外开放水平对产业结构升级具有负向影响，且在邻近权重和经济距离权重矩阵下显著，与预期一致。财政分权显著为负，说明财政分权的确阻碍了地区的产业结构升级；国有化程度的系数为负，但不显著，说明国有化程度的确具有阻碍产业结构升级的可能。

（二）绿色信贷对产业结构合理化的影响

表 8-6 汇报了基于 SAR 模型绿色信贷对产业结构合理化的影响。其中，前三列考察邻近权重矩阵的估计。除了时间固定模型之外，绿色信贷对产业结构合理化具有显著的正向影响。后三个模型是在双固定下三种权重矩阵的估计，结果显示，绿色信贷的系数仍然显著为正，虽然显著性没有达到 1%，但可以看到系数大小变化很小，说明在三种权重和双重固定下，绿色信贷对产业结构合理化具有显著的促进作用。五个模型中，产业结构合理化的空间滞后项系数为正，但在距离矩阵时不显著，其余几个模型的系数均在 0.2 上下变化，说明影响系数相对稳定。

表 8-6　　基于 SAR 模型的绿色信贷对产业结构合理化影响

解释变量	被解释变量：*indrat*				
	空间固定（*W*1）	时间固定（*W*1）	双固定（*W*1）	双固定（*W*2）	双固定（*W*3）
	(1)	(2)	(3)	(4)	(5)
W×*indrat*	0.191*** (0.046)	0.214*** (0.046)	0.231*** (0.044)	0.141 (0.142)	0.284*** (0.094)
green	0.832** (0.373)	-2.073*** (0.571)	0.791** (0.389)	0.723* (0.403)	0.709* (0.395)
ln*pgdp*	10.680*** (1.761)	27.176*** (3.112)	39.135*** (3.387)	41.084*** (3.476)	41.077*** (3.421)

续表

解释变量	被解释变量：*indrat*				
	空间固定（W1）	时间固定（W1）	双固定（W1）	双固定（W2）	双固定（W3）
	(1)	(2)	(3)	(4)	(5)
urb	-0.664*** (0.156)	-0.664*** (0.112)	-0.701*** (0.160)	-0.931*** (0.158)	-0.894*** (0.156)
ln*fdi*	0.785 (1.037)	-5.367*** (0.508)	2.289** (0.983)	1.730* (1.008)	1.536 (0.993)
road	0.119 (0.157)	-0.139 (0.150)	0.408** (0.159)	0.427*** (0.164)	0.387** (0.163)
fiscal	5.141*** (1.131)	-0.428 (0.948)	-4.835*** (1.469)	-3.914*** (1.504)	-3.703** (1.484)
nown	0.768 (4.533)	-2.985 (5.321)	-2.435 (4.637)	-0.613 (4.775)	0.517 (4.707)
N	480	480	480	480	480
R^2	0.481	0.440	0.406	0.413	0.444

注：括号内为稳健性标准误。*、**、*** 分别代表 10%、5%、1% 的显著性水平。

控制变量中，人均 GDP 在五个模型中均显著为正。而城镇化的系数显著为负，这与预期不一致。在后三个模型中，对外开放水平、基础设施水平对产业结构的合理化具有促进作用，而财政分权对产业结构的合理化具有阻碍作用。

（三）绿色信贷对产业结构高级化的影响

表 8-7 为采用 SAR 模型考察绿色信贷对产业结构高级化的影响。五个模型中，绿色信贷的估计系数均显著为正，而且在后三个模型中，系数变化非常小。说明不管采用什么空间权重矩阵，绿色信贷的提高均会促进产业结构的高级化。产业结构高级化的空间滞后项系数均为正，但在经济距离权重时不显著。控制变量中，经济发展水平和城镇化水平对产业结构高级化具有显著的正向影响。对外开放水平、财政分权、国有化程度对产业结构高级化具有显著的负向影响，基础设施水平的系数并不显著。

表 8-7　　基于 SAR 模型的绿色信贷对产业结构高级化影响

解释变量	被解释变量：*indadv*				
	空间固定（W1）	时间固定（W1）	双固定（W1）	双固定（W2）	双固定（W3）
	(1)	(2)	(3)	(4)	(5)
W × indadv	0.288 *** (0.052)	0.178 *** (0.044)	0.152 ** (0.071)	0.930 *** (0.181)	0.036 (0.092)
green	0.009 ** (0.004)	0.038 *** (0.008)	0.011 ** (0.004)	0.012 *** (0.004)	0.011 ** (0.005)
ln*pgdp*	0.051 *** (0.018)	0.078 * (0.042)	0.121 *** (0.039)	0.106 *** (0.038)	0.130 *** (0.039)
urb	0.007 *** (0.002)	0.007 *** (0.002)	0.004 ** (0.002)	0.005 *** (0.002)	0.004 ** (0.002)
ln*fdi*	-0.011 (0.012)	-0.001 (0.006)	-0.028 ** (0.011)	-0.021 * (0.011)	-0.028 ** (0.011)
road	-0.001 (0.002)	-0.010 *** (0.002)	-0.001 (0.002)	-0.001 (0.002)	-0.002 (0.002)
fiscal	-0.035 *** (0.013)	0.116 *** (0.013)	-0.049 *** (0.017)	-0.049 *** (0.016)	-0.049 *** (0.017)
nown	-0.234 *** (0.054)	-0.060 (0.073)	-0.102 * (0.053)	-0.105 ** (0.051)	-0.101 * (0.054)
N	480	480	480	480	480
R^2	0.749	0.860	0.729	0.707	0.728

注：括号内为稳健性标准误。*、**、*** 分别代表 10%、5%、1% 的显著性水平。

三、空间杜宾模型

采用 SDM 模型进行分析，表 8-8 汇报了双重固定和三种权重下对三个被解释变量的分析结果。从结果来看，绿色信贷对三个产业结构升级指数均具有显著的正向作用，但是此时的绿色信贷系数大小存在一定的差异，显著性具有一定的差异，说明加入绿色信贷的滞后项和其他控制变量的滞后项，估计结构有一定的变化。但是整体来看，绿色信贷对产业结构升级、产业结构合理化和产业结构高级化均具有显著的正向影响。绿色信贷的空间滞后项系数为负，在某些权重下估计的结果并不显著。整体来看，其他地区绿色信贷的提升，可能会让本地区的资源向绿色信贷高的地区流动，从而导致本地区的产业结构升级受阻。因此，出现了绿色信贷的空间滞后项系数为负。

表 8-8　　基于 SDM 模型的绿色信贷对产业结构的影响

解释变量	被解释变量：*indup*			被解释变量：*indrat*			被解释变量：*indadv*		
	W1	W2	W3	W1	W2	W3	W1	W2	W3
	(1)	(2)	(3)	(4)	(5)	(6)	(7)	(8)	(9)
W × *indadv*	0.158 ** (0.073)	1.379 *** (0.180)	0.059 (0.093)	0.213 *** (0.059)	0.006 (0.166)	0.233 ** (0.103)	0.129 * (0.071)	1.128 *** (0.186)	0.004 (0.094)
green	0.006 *** (0.002)	0.004 ** (0.002)	0.005 *** (0.002)	0.651 * (0.393)	0.963 ** (0.415)	0.692 * (0.399)	0.011 ** (0.005)	0.007 * (0.004)	0.010 ** (0.004)
W × *green*	-0.001 (0.006)	-0.034 *** (0.012)	-0.013 * (0.008)	-0.413 (1.140)	-6.094 ** (2.684)	-2.206 (1.574)	-0.004 (0.013)	-0.089 *** (0.029)	-0.021 (0.018)
ln*pgdp*	0.029 (0.018)	0.006 (0.017)	0.019 (0.018)	40.879 *** (3.455)	44.758 *** (3.678)	39.669 *** (3.596)	0.158 *** (0.040)	0.102 *** (0.039)	0.133 *** (0.040)
urb	0.001 (0.001)	0.001 (0.001)	0.001 (0.001)	-0.319 * (0.172)	-0.555 *** (0.180)	-0.829 *** (0.175)	0.003 ** (0.001)	0.004 ** (0.002)	0.004 * (0.002)
ln*fdi*	-0.011 ** (0.005)	-0.005 (0.005)	-0.015 *** (0.005)	2.129 ** (0.957)	1.895 * (1.000)	1.066 (1.047)	-0.029 *** (0.011)	-0.018 * (0.011)	-0.039 *** (0.012)
road	-0.001 (0.001)	-0.001 (0.001)	-0.002 ** (0.001)	0.343 ** (0.163)	0.371 ** (0.170)	0.437 ** (0.172)	-0.003 (0.002)	-0.003 (0.002)	-0.004 ** (0.002)
fiscal	-0.019 ** (0.008)	-0.022 *** (0.008)	-0.020 *** (0.008)	-6.864 *** (1.576)	-6.488 *** (1.653)	-3.151 ** (1.537)	-0.032 * (0.018)	-0.034 * (0.018)	-0.040 ** (0.017)
nown	-0.027 (0.024)	-0.013 (0.023)	-0.018 (0.026)	-6.202 (4.673)	-6.183 (4.901)	-2.440 (5.137)	-0.087 (0.055)	-0.065 (0.052)	-0.077 (0.058)
W × ln*pgdp*	-0.059 * (0.032)	-0.300 *** (0.096)	-0.144 ** (0.066)	6.471 (7.019)	61.593 *** (21.391)	-24.585 * (13.420)	-0.209 *** (0.072)	-0.814 *** (0.221)	-0.336 ** (0.147)
W × *urb*	0.003 * (0.001)	0.012 *** (0.004)	0.004 (0.003)	-1.211 *** (0.295)	-3.153 *** (0.814)	1.142 ** (0.564)	0.006 * (0.003)	0.029 *** (0.009)	0.013 ** (0.006)

续表

解释变量	被解释变量：*indup*			被解释变量：*indrat*			被解释变量：*indadv*		
	*W*1	*W*2	*W*3	*W*1	*W*2	*W*3	*W*1	*W*2	*W*3
	(1)	(2)	(3)	(4)	(5)	(6)	(7)	(8)	(9)
W×ln*fdi*	-0.007 (0.012)	0.005 (0.026)	0.000 (0.021)	-7.115 *** (2.229)	-10.935 * (5.668)	-2.496 (4.144)	0.006 (0.026)	0.028 (0.061)	-0.021 (0.047)
W×*road*	0.003 * (0.002)	-0.002 (0.004)	-0.008 *** (0.002)	-0.455 (0.332)	1.048 (0.972)	0.060 (0.439)	0.006 (0.004)	-0.010 (0.010)	-0.020 *** (0.005)
W×*fiscal*	-0.031 * (0.018)	-0.030 (0.040)	0.018 (0.026)	0.673 (3.370)	-20.377 ** (8.621)	3.383 (5.162)	-0.022 (0.040)	0.075 (0.092)	0.046 (0.058)
W×*nown*	-0.002 (0.052)	0.233 * (0.121)	0.034 (0.087)	19.604 ** (9.899)	51.407 ** (26.209)	-0.919 (17.316)	-0.041 (0.116)	0.200 (0.279)	0.096 (0.195)
N	480	480	480	480	480	480	480	480	480
R^2	0.173	0.532	0.585	0.438	0.388	0.514	0.503	0.604	0.634

注：括号内为稳健性标准误。*、**、*** 分别代表 10%、5%、1% 的显著性水平。

三个代表产业结构升级的空间滞后项系数均为正，但在一些权重下并不显著。整体来看，产业结构升级具有空间依赖性，空间之间的产业结构呈现同升同降的现象。经济发展水平系数均为正，但是对产业结构升级的系数并不显著，城镇化水平对产业结构升级不具有显著的影响，但对产业结构合理化具有显著的负向影响，对产业结构高级化具有显著的正向影响。对外开放水平和基础设施水平对产业结构升级和产业结构高级化具有负向影响，但对产业结构合理化具有正向影响；财政分权、国有化水平对三个产业结构调整具有阻碍作用。控制变量的空间滞后项呈现出与本身相反的作用。

由于空间计量模型可以将回归结果分解为直接效应、间接效应和总效应。表 8-9 为绿色信贷效应对产业结构调整的效应分解结果，该结果是表 8-8 的 9 个模型的分解。从绿色信贷对产业结构升级的效应分解结果来看，在空间邻近权重下，仅直接效应显著为正；在空间距离权重矩阵下，间接效应和总效应显著为正，说明间接效应受距离影响更大一些，其他地区的绿色信贷会对本地区的产业结构升级产生正向影响，而且总效应也是正向的；在经济距离权重矩阵下，直接效应为正，间接效应为负，但总效应不显著。

表 8－9　绿色信贷效应对产业结构调整的直接效应、间接效应和总效应

变量	indup		
	W1	W2	W3
直接效应	0.006*** (0.002)	0.002 (0.002)	0.005*** (0.002)
间接效应	－0.002 (0.005)	0.014** (0.006)	－0.014* (0.008)
总效应	0.004 (0.005)	0.016*** (0.005)	－0.008 (0.008)
	indrat		
直接效应	0.648 (0.396)	0.974** (0.429)	0.640 (0.410)
间接效应	－0.395 (1.303)	－6.351** (2.800)	1.681 (1.253)
总效应	0.252 (1.335)	－5.377** (2.708)	2.320* (1.274)
	indadv		
直接效应	0.011** (0.005)	0.003 (0.005)	0.010** (0.005)
间接效应	－0.006 (0.012)	0.041*** (0.016)	－0.021 (0.017)
总效应	0.005 (0.011)	0.045*** (0.013)	－0.011 (0.018)

绿色信贷对产业结构合理化的空间效应分解结果：在空间邻近权重下，直接效应、间接效应和总效应均不显著；在空间距离权重矩阵下，直接效应显著为正，而间接效应和总效应显著为负；在经济距离权重矩阵下，直接效应和间接效应不显著，只有总效应显著为正。

绿色信贷对产业结构高级化的空间效应分解结果：在空间邻近权重下，只有直接效应显著为正，间接效应和总效应均不显著；在空间距离权重矩阵下，直接效应不显著，而间接效应和总效应显著为正；在经济距离权重矩阵下，直接效应显著为正，间接效应和总效应均不显著。

通过上述效应分解的分析可以看出，不能仅看绿色信贷及其空间滞后项的估计系数，需要将效应进行分解。可以看出，每种权重情况下，绿色信贷对产业结构的影响具有异质性，具体其独特的内在机理。

第九章　绿色金融与经济高质量发展：基于绿色 TFP 的研究

第一节　引　　言

改革开放 40 多年来，我国经济取得了巨大成就。但与此同时，也带来了能源枯竭与环境污染等问题，能源的枯竭和生态空间的破坏均表明以增加生产要素投入的粗放型发展模式是不可持续的，我国需要走一条资源节约和环境友好的绿色发展道路（邓玲和刘安凤，2019）。绿色发展道路是中华民族为实现长远发展的战略性选择，也是实现全球可持续发展和构建人类命运共同体的战略性选择（曹东等，2012）。近年来，我国为促进绿色发展制定的各种政策现已初见成效，绿色信贷政策就是其中一种。绿色信贷指商业银行等金融机构通过信贷手段促进或完成节能减排等一系列政策、制度安排及金融实践，主要包括三个内容：一是正向激励，使用恰当的信贷政策和手段支持环保和节能企业或项目的发展；二是负向处罚，对违反环保和节能等相关法律法规的企业或项目采取停贷、缓贷甚至收回贷款等信贷政策；三是风险管理，贷款人在运用信贷手段引导和督促借款人执行环保政策、发展绿色产业的同时，防范环境风险，降低信贷风险（陈立铭等，2016）。据中国人民银行的相关数据显示，截至 2018 年底，中国的 21 家主要银行的绿色贷款余额超过 8 万亿元，同比增长速度达到 16%；同时，我国境内的绿色信贷存量已接近 6000 亿元，处于世界前列。由此可见，我国的绿色信贷已经得到快速发展，那么绿色信贷的发展是否会促进我国的绿色发展，以及绿色信贷如何促进我国的绿色发展，通过这个问题的研究对了解我国绿色发展具有重要的意义。

现有文献中，有关绿色信贷与绿色发展的研究不断出现，主要可以概括为以下两个方面：

第一，绿色信贷政策直接作用于新能源企业，可以为新能源企业带来资金保障，促进新能源的快速发展（高晓燕和王治国，2017；徐忠等，2018；刘传哲和任懿，2019）；同时提高“高能耗和高污染”行业的融资成本，或者减少其融资渠道，起到限制其发展的作用（连莉莉，2015；苏冬蔚和连莉莉，2018；刘莎和刘明，2020）。

第二，绿色发展通过改善行业间的资源配置，实现能源利用效率的提升（王遥等，2016；Liu 等，2019；陈娜和吴玉玲，2019），产业结构的升级（徐盛等，2018；钱水土等，2019；李毓等，2020），也为乡村的绿色发展提供融资渠道（王波和郑连盛，2019；杨林等，2019）。以上研究从不同角度说明绿色信贷对国民经济的诸多方面产生了较大的影响，但是并没有直接回答绿色信贷是否促进了绿色发展。

在上述文献的基础上，本章利用 2000～2016 年中国 31 个省级面板数据，采用全局 Malmquist-Luenberger 指数测算绿色全要素生产率，并作为绿色发展水平的衡量指标，通过固定效应、差分 GMM、系统 GMM 等计量方法考察绿色信贷对绿色发展的影响及其机制。

本章的边际贡献主要体现在：（1）与已有文献相比，将采用全局 Malmquist-Luenberger 指数测算的绿色全要素生产率，并作为绿色发展水平的衡量指标，该指标更能表征绿色发展水平，可以丰富绿色发展的测算指标；（2）与已有文献不同，选取省级六大高耗能产业利息支出与工业行业利息总支出的比率，并作为反向指标来衡量绿色信贷，保证了数据的连续性和可得性，可以更好地从治理污染排放角度体现绿色信贷政策；（3）系统考察了绿色信贷的污染治理效应、产业结构效应、能源利用效应和环保投资效应，为绿色信贷政策的实施提供经验证据。

第二节 文献回顾与理论假说

绿色发展是中国新时代经济社会发展的新任务、新使命和新目标，是推动可持续发展，实现高质量发展的必由之路（李梦欣和任保平，2019）。为了更好地促进绿色发展，2017 年 10 月我国率先提出了“构建市场导向的绿色技术创新体系，发展绿色金融，壮大节能环保产业、清洁生产产业、清洁能源产业”的理念（何凌云等，2019）。而绿色信贷作为一种为生态保护、生态建设和绿色产业融资的金融工具，是绿色项目融资的主渠道，也是构建绿色金融体系的核心力量（龙卫洋和季才留，2013）。绿色信贷的大力推行为企业提供资金支持，鼓励企业在绿色领域开展创新活动，加快技术进步，实现绿色发展（张云辉和赵佳慧，2019）。绿色信贷可以有效抑制目标企业的投资行为，减少重污染企业的资金投入，提高资本配置效率（刘婧宇等，2015），促进绿色经济发展。绿色信贷还具有独特的信号传递功能，可以引导资金进入新能源行业（Li et al.，2011），为绿色发展提供动力。从农业的角度研究绿色信贷的必要性，宫海鹏（2010）指出，绿色信贷改变了农业领域过去高耗能、高污染的盲目增长模式，形成了节约资源、改善环境的可持续增长模式，有助于实现社会、经济和环境的可持续发展，促进农业的绿色发展。总的来说，绿色信贷能够提供资金，形成绿色投资，促进经济结构优化；鼓励企业绿色创新，引领绿色消费，提高经济效率；能够与环境保护规制、财政税收、碳排放权交易等经济政策形成互补，进一步促进经济的绿色发展（王遥等，2016）。基于以上分析，提出如下假说：

假说6：绿色信贷对绿色发展具有正向的促进作用。

绿色信贷可从两个方面改善环境污染程度：一方面，绿色信贷可以直接增加重污染企业的融资成本，抑制重污染企业投融资行为，减少污染排放量。苏冬蔚和连莉莉（2018）研究指出，绿色信贷抑制了重污染企业的有息债务融资和长期负债，减少了重污染企业的新增投资，对重污染企业的投融资发展具有显著的抑制作用。另一方面，绿色信贷通过为绿色产业提供资金支持，激励重污染企业转变生产方式，向绿色产业靠拢。我国绿色信贷政策对于关注长期发展的企业具有很强的节能减排激励，能够促使其使用清洁能源，转变发展方式（杨劬，2011）。连莉莉（2015）指出，绿色信贷抑制重污染企业的发展，向重污染企业传递负面信号，影响其生产经营决策和资源配置，激发降污、治污需求，重污染企业为了降低债务融资成本，可能会产生降污的动力。康等（Kang et al.，2020）利用韩国制造商企业的数据分析，发现绿色信贷政策是一项环境友好型法规，使制造商与供应商合作，努力减少供应链的污染。由此，提出如下假说：

假说7：绿色信贷具有显著的污染治理效应。

绿色信贷要求商业银行有意识地调整自身行为，在贷款时充分考虑贷款项目的环境风险，给予绿色产业优惠利率的贷款支持，对高污染产业采取惩罚性的高利率或者停贷、缓贷，使资金流向绿色产业，促进绿色发展（徐胜等，2018），这说明绿色信贷可以对产业结构产生影响：首先，在资本配置效率上，绿色信贷能够增加企业的创新投入，有助于高新技术产业的发展，推动产业结构升级（李苗苗等，2015）；绿色信贷可以更高效地将资金引向成长型和创新型产业，继而推动产业结构升级（陈智莲等，2018）；绿色信贷通过资本形成、资金导向、信息传导等机制来推动产业结构优化升级（谢婷婷和刘锦华，2019）；绿色信贷能够促进整体产业结构升级，对东部地区与中西部地区的产业结构升级均具有正向促进作用（李毓等，2020）。其次，绿色信贷体系可以为经济体内创新型产业的发展提供更加有力的支持，从而促进其产业结构升级（李福祥等，2016）；楚尔鸣和何鑫，2016）；绿色信贷可以引导新产业、新行业的形成以促进产业结构升级（Hu et al. ，2020）。由此，提出如下假说：

假说 8：绿色信贷可以通过改善产业结构以促进绿色发展。

在能源利用方面，绿色信贷会影响能源消费与需求，进而影响能源消费结构的变动（孙浦阳等，2011）。绿色信贷繁荣对能源消费结构优化的作用显著，其作用可通过扩张效应、技术效应以及反馈效应三种渠道来实现（刘传哲和任懿，2019）。绿色信贷政策支持工业企业实施传统能源改造，推动能源消费结构向绿色低碳转型，鼓励开发利用可再生能源，从而引导能源消费结构的优化（谢婷婷和刘锦华，2019）。绿色信贷能够显著促进清洁能源的使用，也有利于整体能源消费强度的降低（穆献中等，2019）。由此，提出如下假说：

假说 9：绿色信贷可以通过改善能源利用效率以促进绿色发展。

绿色信贷政策降低了环保企业的债务融资成本，增加了环保企业的技术创新投资（连莉莉，2015）。绿色信贷的资金以低息方式注入环保企业并循环使用，能够大幅提高资金使用效率，同时降低企业融资成本（郭朝先等，2015）。绿色信贷的作用是引导资金流向资源节约和生态环境保护产业，其对环保产业的支持主要体现在资本投入方面（林简德等，2018）。绿色信贷能够引导大量创业投资基金注入节能环保行业，导致这部分企业盈利能力逐步增强，总资产收益率上升，从而促进绿色产业的发展（丛戎和曾煜，2018）。绿色信贷的发展有利于资金流向更绿色、更环保的企业，也是环保企业接受投资的重要资金来源（何凌云等，2019）。由此，提出如下假说：

假说10：绿色信贷具有显著的环保投资效应。

根据上述理论假说，我们制作图9－1来说明绿色信贷与绿色发展的影响机制。

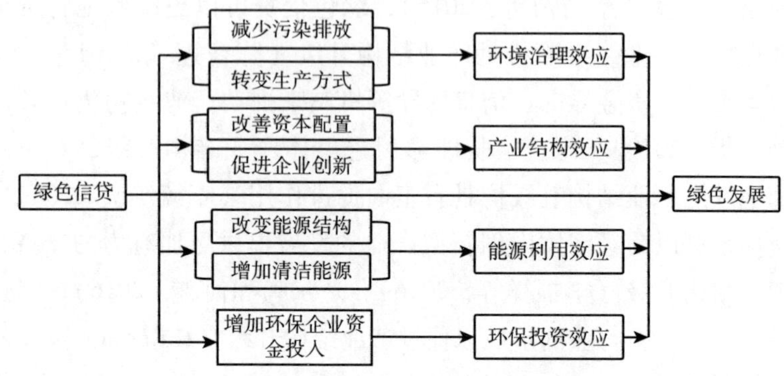

图9－1　绿色信贷对绿色发展的影响机制

第三节　计量模型与数据说明

一、计量模型

根据前面的理论假说6，我们构建如下计量模型：

$$GML_{it} = \alpha + \beta green_{it} + \gamma X_{it} + \mu_i + \nu_t + \zeta_{it} \tag{9-1}$$

其中，i 表示不同的省份；t 表示年份变量；GML 表示被解释变量绿色发展水平（用绿色全要素生产率表示）；$green$ 表示核心解释变量绿色信贷，由每个省六大高污染和高能耗行业的利息支出占工业行业总利息支出的比重作为反向指标表示；X 为控制变量，表示影响绿色发展水平的其他因素；μ 代表不随时间变动的固定效应；v 代表不随省份变化的固定效应；ζ 为随机误差项；β 和 γ 为待估参数。该模型为普通面板模型，我们采用固定效应方法进行估计。

考虑到绿色发展水平具有路径依赖，上一期的绿色发展会显著影响本期的绿色发展。由此，构建如下的动态面板模型：

$$GML_{it} = \alpha + \sum_{1}^{n} \delta_j GML_{it-j} + \beta green_{it} + \gamma X_{it} + \mu_i + \nu_t + \zeta_{it} \tag{9-2}$$

其中，n 代表被解释变量的滞后期；GML_{it-j} 代表绿色发展的滞后第 j 期；δ_j 为对应的系数。针对此模型，我们分别采用差分 GMM 和系统 GMM 进行参数估计。由于模型中被解释变量的滞后项可能存在内生性问题，我们采用系统 GMM 方法，将变量水平值的原估计方程与进行一阶差分后的方程同时进行估计，可以较好地解决动态面板模型中的内生性问题。

二、变量说明

（一）被解释变量：绿色发展水平（*GML*）

本章用绿色发展全要素生产率来衡量绿色发展水平。目前衡量绿色发展全要素生产率的方法主要有随机前沿分析法、生产函数法、数据包络分析法等，为了反映生产率的动态变化，本章采用由欧姆（Oh，2010）提出的全局 Malmquist-Luenberger 指数（简称“全局 ML 指数”）测算每个省的绿色发展全要素生产率。与传统 ML 指数相比，全局 ML 指数的生产可能性集为全局的生产技术集 $D^G(x)$，即构建了一个囊括所有观测单元和所有时期的参照技术集，可以解决跨期方向距离函数的可行解问题和跨期可乘性质的问题。根据 $D^G(x)$ 生产技术集定义，可以将全局 ML 指数写成：

$$GML^{t,t+1} = \frac{1 + \overrightarrow{D}_o^G(x^t, y^t, b^t; y^t, b^t)}{1 + \overrightarrow{D}_o^G(x^{t+1}, y^{t+1}, b^{t+1}; y^{t+1}, b^{t+1})} \tag{9-3}$$

其中，方向距离函数定义全局技术集：

$$\overrightarrow{D}_o^G(x^s, y^s, b^s; y^s, b^s) = max\{\beta:(y^s + \beta y^s, b - \beta b^s \in P^G(x^s))\},\quad s = t, t+1 \tag{9-4}$$

由此，在整个研究期内仅使用了一个全局生产技术集，既可以满足传递性的要求，也可以避免线性规划无可行性解的问题。同样，全局 ML 也可分解成生产效率指数和技术进步指数两部分：

$$GML^{t,t+1} = \frac{1 + \overrightarrow{D}_o^G(x^t, y^t, b^t; y^t, b^t)}{1 + \overrightarrow{D}_o^G(x^{t+1}, y^{t+1}, b^{t+1}; y^{t+1}, b^{t+1})}$$

$$
\begin{aligned}
&= \frac{1+\vec{D}_o^t(x^t,y^t,b^t;y^t,b^t)}{1+\vec{D}_o^G(x^{t+1},y^{t+1},b^{t+1};y^{t+1},b^{t+1})} \times \frac{\dfrac{1+\vec{D}_o^G(x^t,y^t,b^t;y^t,b^t)}{1+\vec{D}_o^t(x^t,y^t,b^t;y^t,b^t)}}{\dfrac{1+\vec{D}_o^G(x^{t+1},y^{t+1},b^{t+1};y^{t+1},b^{t+1})}{1+\vec{D}_o^t(x^{t+1},y^{t+1},b^{t+1};y^{t+1},b^{t+1})}} \\
&= \frac{TE^t(x^t,y^t,b^t;y^t,b^t)}{TE^{t+1}(x^{t+1},y^{t+1},b^{t+1};y^{t+1},b^{t+1})} \times \frac{TPG^{G,t}(x^t,y^t,b^t;y^t,b^t)}{TPG^{G,t+1}(x^{t+1},y^{t+1},b^{t+1};y^{t+1},b^{t+1})} \\
&= GMLEC^{t,t+1} \times GMLTC^{t,t+1}
\end{aligned}
\tag{9-5}
$$

其中，$GMLEC$ 为绿色发展全要素生产率的效率变化（简称“绿色发展的效率变化”），$GMLTC$ 为绿色发展全要素生产率的技术变化（简称为绿色发展的技术进步）。若 $GMLEC>1$，表明生产单元在 $t+1$ 时期向最佳前沿单元的参照系移动更有效，说明有明显的效率变化，反之则相反；若 $GMLTC>1$，表明生产单元在 $t+1$ 时期的生产技术更接近于全局的生产技术，说明有明显的技术进步，反之则相反。而 GML 增加意味着环境全要素生产率有所改善，若 $GML>1$，意味着某一省区绿色发展全要素生产率呈现增长态势；若 $GML \leqslant 1$，说明环境全要素生产率呈现不变或下降。GML 下降表示由上述定义的绿色生产率退步，可以判断该省区考虑环境因素的工业经济增长是不可持续的。在后文，我们将采取绿色发展的效率变化（$GMLEC$）和绿色发展的技术进步（$GMLTC$）来进行稳健性检验。

根据上述测算方法，需要有投入和产出两组数据，同时产出分为期望产出和非期望产出。借鉴杜俊涛等（2017）、傅京燕等（2018）、龚新蜀和李梦洁（2019）、李卫兵等（2019）的做法，投入要素主要考虑劳动、资本和能源投入。劳动投入，用总就业人数来表示，省级层面的总就业人数来源于《中国劳动统计年鉴》中的城镇单位就业人数和其他单位就业人数的加总；地级城市层面的总就业人数来源于《中国城市统计年鉴》中城镇单位从业人员数和城镇私营（个体）从业人员数的加总；资本投入，借鉴张军和章元（2003）、张军等（2004）的做法，将每个地区的固定资产投资通过固定资产指数（2000 年为基期）进行折算后，得到实际的固定资产投资额，再采用较为成熟的永续盘存法估算资本存量。测算公式为 $K_{it}=I_{it}+(1-\delta_{it})K_{it-1}$，其中，$K$ 为第 i 地区第 t 年的资本存量，I 为第 i 地区第 t 年实际固定资产投资，δ 为固定资产折旧率（按多数文献的做法，取 10%）。能源投入、省级层面的能源投入直接采用全社会的能源消耗量作为能源投入指标，数据主要来源于《中国能源统计年鉴》。产业指标：期望产出主要指实际国民生产总值。本章以 2000 年为基期，采用国民生产总值平减指数折算为 2000 年基期的实际国民生产总值，数据主要来源于《中国统计年鉴》《中国城市统计年鉴》。非期望产出采用工业废水排放、工业废气排放，原因在于我们可以获得工业废水排放、工业废气排放 2000 年以后的所有数据。各个指标与计算方法见表 9－1。

表 9－1　　　环境全要素生产率测算的主要变量及其计算方法

要素	指标	计算方法
投入	劳动投入	城镇单位从业人员＋私营（个体）从业人员
	资本投入	利用永续盘存法计算（2000 年为基期）
	能源投入	能源消耗量（万吨标准煤）
期望产出	GDP	采用省级 GDP 平减指数测算到以 2000 年为基期的实际 GDP
非期望产出	工业废水	工业废水排放总量（万吨）
	工业废气	工业二氧化硫排放总量（亿立方米）

资料来源：由作者制作。

（二）解释变量：绿色信贷（*green*）

当前绿色信贷的衡量方法大致有绿色信贷占比、节能环保项目贷款占比、工业污染治理投资中的“银行贷款”、反向指标六大高耗能产业利息支出占比四种。《中国银行业企业社会责任报告》对前两个指标有相应的统计，但是并没有细分到每个省，无法进行面板数据分析。从《中国工业统计年鉴》中可以获得工业污染治理投资中的“银行贷款”数据，但只能获得 2010 年以前的数据。因此，本章参照谢婷婷和刘锦华（2019）的研究，采用每个省的六大高耗能高污染行业（化学原料及化学制品制造业、非金属矿物制品业、黑色金属冶炼及压延加工业、有色金属冶炼及压延加工业、石油加工炼焦及核燃料加工业、电力热力的生产和供应业）利息支出占工业行业利息总支出的比率作为反向指标来衡量绿色信贷。若该指标对绿色发展的影响系数为负，说明绿色信贷促进了绿色发展。

（三）控制变量

参照格罗斯曼和克鲁格（Grossman and Kruger，1995）、傅京燕等（2018）、

易明等（2018）、崔兴华和林明裕（2019）、李鹏升和陈艳莹（2019）等的研究，我们将下列变量作为本章的主要控制变量。

1. 经济发展水平

本章采用人均 GDP 的自然对数（ln*pgdp*）和人均 GDP 的自然对数的平方项（$\ln pgdp^2$）衡量经济发展水平，以验证环境污染是否满足环境库兹涅茨假说（EKC 假说）。需要特别说明的是，为了剔除通货膨胀因素的影响，得到真实的人均生产总值，我们采用 2000 年为基期的价格指数对人均 GDP 的数据进行平减。根据 EKC 假说内容，在经济发展水平较低时，环境恶化程度随经济的增长而加剧；当经济发展到一定水平后，随着人均收入的增加，环境污染程度逐渐降低，预期一次项系数为正，二次项系数为负。

2. 产业结构（*ind*）

采用第二产业所占比重来衡量产业结构。本章主要研究绿色发展，而第二产业是环境污染严重的产业。一般来说，第二产业占比越高，说明工业化程度越高，工业污染程度越大，预期系数为负。

3. 资本劳动比（ln*cap_lab*）

采用资本与劳动之比来衡量。它表示一个地区资本和劳动的构成状况，表明资本或劳动的密集程度。由于一个地区的产业类型与地区的环境污染水平之间具有较强的相关性，地区的资本劳动比会影响该地区的绿色发展。具体来说，一个地区的资本劳动比越大，说明这个地区资本密集型产业较多，而资本密集型的产业能耗相对较高，可能造成该地区更严重的环境污染；从另外一个方面来看，资本密集型的产业中又有很多高科技产业，对环境污染相对较小。预期符号不确定。

4. 外商直接投资（*fdi*）

采用实际利用外商直接投资额与 GDP 的比值再乘以 100% 来衡量。由于在统计年鉴中，实际利用外商直接投资是采用美元计价，我们通过查阅相应年份的平均汇率，将其折算为以人民币计价的 FDI。一般来说，外商直接投资倾向于利润高的行业，且会给企业带来先进的科学技术和管理经验，减少污染排放量。但外资也可能寻找污染避难所，阻碍一个地区的绿色发展。所以，预期符号不确定。

5. 人口密度（ln*den*）

采用单位面积人数取自然对数衡量人口密度。人口密度越大的地区，产生的生活垃圾和工业污染可能越多，预期系数为正。

6. 能源效率（ln*en*）

采用单位 GDP 用电量的自然对数衡量能源效率。该变量的数值越大，说明单位 GDP 的能耗越大，特别是我国以煤电为主的国家，能源使用效率低带来较大的环境污染，预期系数为负。

三、数据来源

本章所使用的数据来源于《中国统计年鉴》《中国工业统计年鉴》《中国能源统计年鉴》《中国环境统计年鉴》和中国各省市统计年鉴，选取的时间跨度为 2000～2016 年，由于西藏的数据缺失较为严重，因此最后的截面单位为大陆 30 个省、直辖市和自治区，共 480 个样本数。表 9－2 是相关变量的描述性统计。

表 9－2　描述性统计

变量	样本数	平均值	标准差	最小值	最大值
GML	480	1.0402	0.0569	0.6964	1.1808
GMLEC	480	1.0351	0.0435	0.8591	1.1521
GMLTC	480	1.0408	0.0532	0.6964	1.1776
green	480	1.4135	0.8439	0.2172	10.6479
ln*pgdp*	480	8.9816	1.0848	5.7042	11.3004
ln*pgdp*^{2}	480	81.8439	19.0372	32.5381	127.6990
ind	480	46.0226	7.7344	19.2622	60.1329
ln*cap_lab*	480	0.7925	0.4584	0.2541	3.3507
fdi	480	2.5013	2.3726	0.0011	14.6520
ln*den*	480	5.4190	1.2404	1.9459	8.2451
ln*en*	480	0.1286	0.0803	0.0397	0.5205

第四节　实证结果分析

一、基准回归分析

根据假说 6，本章采用固定效应模型、差分 GMM 和系统 GMM 模型对式（9-1）和式（9-2）进行了参数估计，表9-3汇报了基准回归结果。第（1）列和第（2）列为固定效应模型考察绿色信贷对绿色发展的影响。第（1）列在未控制其他因素的情况下，绿色信贷对绿色发展的影响系数为0.015且在1%的水平上显著，说明绿色信贷对绿色发展水平具有显著的促进作用；在控制其他因素的情况下，第（2）列的估计结果显示绿色信贷对绿色发展影响仍然显著为正，系数大小变化非常小。后四列为采用GMM进行估计，从四个模型的检验来看，均不存在一阶序列相关，存在二阶序列相关，而且Sargan检验也不显著，说明四个模型的设置是合理的。第（3）列和第（4）列为差分GMM估计的结果，在未加入控制变量的情况下，绿色信贷对绿色发展的影响系数高度显著为正；加入控制变量后，绿色信贷对绿色发展的影响系数仍然高度显著，两个模型的系数变化并不大，说明绿色信贷对绿色发展的促进作用较为稳定。第（5）列和第（6）列是系统GMM估计的结果，不管加入控制变量与否，绿色信贷对绿色发展水平均具有促进作用。六种模型的结果均显示绿色信贷显著促进了绿色发展，针对高污染高能耗行业的贷款每减少1%，绿色发展水平将提高1.4%，假说6得证。

表9-3　基准回归

变量	*GML*					
	FE	FE	差分 GMM	差分 GMM	系统 GMM	系统 GMM
	(1)	(2)	(3)	(4)	(5)	(6)
green	-0.015 *** (0.003)	-0.014 *** (0.003)	-0.017 *** (0.003)	-0.014 *** (0.003)	-0.012 *** (0.002)	-0.014 *** (0.003)
ln*pgdp*		0.217 *** (0.043)		0.801 (0.802)		-0.204 (0.772)
ln*pgdp*^{2}		-0.005 *** (0.002)		-0.031 (0.035)		0.017 (0.037)
ind		-0.001 (0.001)		-0.004 (0.003)		-0.001 (0.003)
ln*cap_lab*		0.008 (0.009)		0.000 (0.016)		0.011 (0.020)
fdi		0.003 ** (0.001)		-0.000 (0.002)		-0.001 (0.002)

续表

变量	*GML*					
	FE	FE	差分 GMM	差分 GMM	系统 GMM	系统 GMM
	(1)	(2)	(3)	(4)	(5)	(6)
ln*den*		0.007 (0.036)		-0.013 (0.029)		-0.028 (0.055)
ln*en*		0.379*** (0.105)		0.336 (0.841)		1.637 (3.201)
L. GML			0.371*** (0.094)	0.053 (0.167)	0.107 (0.102)	0.143 (0.138)
常数项	1.033*** (0.008)	-0.445 (0.323)	0.684*** (0.096)	-3.227 (4.023)	0.951*** (0.104)	1.346 (3.943)
N	480	480	420	420	450	450
年份固定效应	Y	Y	Y	Y	Y	Y
省份固定效应	Y	Y	Y	Y	Y	Y
*AR*1（*P*）			(0.007)	(0.009)	(0.030)	(0.004)
*AR*2（*P*）			(0.717)	(0.878)	(0.937)	(0.964)
Sargan（*P*）			(1.000)	(1.000)	(1.000)	(1.000)

注：每个模型均控制了时间固定效应和地区固定效应，括号内的数值为稳健性的标准误。*、**、*** 分别表示通过了 10%、5%、1% 水平的显著性检验。

资料来源：根据相关数据计算整理得出。

控制变量中，在固定效应模型中，ln*pgdp* 的系数高度显著为正，ln$pgdp^2$ 的系数高度显著为负，说明绿色全要素生产率与经济发展水平呈现倒 U 型曲线关系，环境库兹涅茨假说成立。在经济起步阶段，随着经济水平的提高，绿色发展水平是提高的；但是达到一定水平，这时工业得到快速发展，导致绿色发展水平下降。*ind* 的系数为负但不显著，说明第二产业比率越高，绿色发展水平呈现下降的趋势。ln*cap_lab* 的系数为正但不显著，说明资本密集型产业中高科技产业对环境的改善作用相对突出，但并没有扭转对环境无显著改善的局面。外商直接投资的系数在 5% 的水平上显著为正，说明外商投资能够带来技术进步，促进绿色发展。ln*den* 的系数为正，但不显著，说明人口密度越大的地方会产生更多污染，但如果采取合理措施治理环境，就可以获得绿色发展的优势。ln*en* 的系数显著为正，这与预期并不一致，可能的原因是采用单位 GDP 的用电量并不能完全衡量能源效应。几个控制变量的估计系数基本上均与预期一致，说明模型估计的结果是可信的。

二、稳健性检验

我们将绿色全要素生产率分解为绿色发展效率变化和绿色发展技术进步，采用绿色发展效率变化和绿色发展技术进步作为绿色生产要素增长率的替代变量，结果见表9－4。前三列分别用固定效应模型、差分GMM和系统GMM估计绿色信贷对绿色发展效率变化的影响。结果显示，在固定效应模型中，绿色信贷对绿色发展效率变化的影响系数高度显著为正；在GMM模型中，绿色信贷对绿色发展效率变化的影响系数也高度显著为正；在系统GMM模型中，绿色信贷对绿色发展效率变化的影响系数为0.016且在1%的水平上显著，说明针对高污染高能源的行业贷款每减少1%，会引起绿色发展效率提升1.6%，绿色信贷能够刺激绿色发展效率改善。后三列分别用固定效应模型、差分GMM和系统GMM估计绿色信贷对绿色发展技术进步的影响，结果显示在三种模型中，绿色信贷对绿色发展技术进步的影响系数分别1.2%、1.5%、1.4%且都在1%的置信水平上显著，说明绿色信贷能够促进绿色发展的技术进步。稳健性结果表明，用绿色发展技术进步和绿色发展效率变化替代绿色发展水平进行分析，其结果与基准回归的估计结果一致，绿色信贷能够提高绿色发展水平，包括技术进步和效率提升。

表9－4　稳健性检验

变量	*GMLEC*			*GMLTC*		
	FE	差分GMM	系统GMM	FE	差分GMM	系统GMM
	(1)	(2)	(3)	(4)	(5)	(6)
green	−0.012*** (0.003)	−0.010** (0.004)	−0.016*** (0.004)	−0.012*** (0.003)	−0.015*** (0.002)	−0.014*** (0.002)
ln*pgdp*	0.126*** (0.035)	−0.073 (1.173)	0.288 (0.337)	0.161*** (0.041)	−2.605 (2.690)	1.683 (1.591)
ln$pgdp^2$	−0.003** (0.001)	0.006 (0.055)	−0.014 (0.018)	−0.005*** (0.002)	0.114 (0.120)	−0.082 (0.071)
ind	−0.001 (0.001)	−0.000 (0.004)	−0.002 (0.002)	0.000 (0.001)	0.007 (0.007)	−0.004 (0.004)

续表

变量	GMLEC			GMLTC		
	FE	差分 GMM	系统 GMM	FE	差分 GMM	系统 GMM
	(1)	(2)	(3)	(4)	(5)	(6)
lncap_lab	0.011 (0.007)	-0.001 (0.010)	-0.003 (0.011)	0.009 (0.008)	-0.001 (0.010)	-0.006 (0.011)
fdi	0.002* (0.001)	-0.002 (0.002)	-0.001 (0.002)	0.002 (0.001)	0.001 (0.001)	-0.000 (0.001)
lnden	-0.010 (0.029)	-0.022 (0.030)	0.008 (0.028)	0.027 (0.034)	0.044 (0.038)	0.052 (0.033)
lnen	0.218** (0.085)	-0.467 (0.739)	-1.654 (1.632)	0.279*** (0.099)	-2.627 (2.085)	-1.036 (1.689)
L. GMLEC		0.166 (0.215)	-0.080 (0.405)			
L. GMLTC					0.192** (0.084)	0.142 (0.111)
常数项	0.322 (0.263)	1.304 (5.813)	0.059 (1.294)	-0.136 (0.305)	14.182 (13.702)	-7.196 (8.218)
N	480	420	450	480	420	450
年份固定效应	Y	Y	Y	Y	Y	Y
省份固定效应	Y	Y	Y	Y	Y	Y
AR1 (P)		(0.002)	(0.005)		(0.030)	(0.009)
AR2 (P)		(0.284)	(0.347)		(0.303)	(0.328)
Sargan (P)		(1.000)	(1.000)		(1.000)	(1.000)

注：每个模型均控制了时间固定效应和地区固定效应，括号内的数值为稳健性的标准误。*、**、*** 分别表示通过了 10%、5%、1% 水平的显著性检验。

第五节　机制分析

一、绿色信贷的污染治理效应

绿色全要素生产率的测算，我们采用的是污染物作为非期望产出进行测算。因此，如果绿色信贷能够显著减少污染排放量，那么就显著促进了绿色发展。因此，此部分重点考察绿色信贷是否具有污染治理效应。本章选取了测量环境污染的几个重要指标：空气中可吸入颗粒物含量（PM2.5）、工业烟尘排放量（*soot*）、二氧化硫总排放量（so_2）、工业废水排放量（*water*）和工业二氧化硫排放量（ind_so_2），以上指标均取其自然对数进行分析。PM2.5来源于哥伦比亚大学社会经济数据和应用中心（SEDAC）的遥感数据，其他数据均来源于历年的《中国环境统计年鉴》，由于个别指标统计的时间较短，所以导致样本数并不统一。由表9-5可知，*green* 对 PM2.5 的估计系数为正，说明针对高污染高能耗行业的贷款每减少1%，会引起 PM2.5 的平均浓度值下降1.7%，绿色信贷具有污染减排效应。同理，从第（2）列到第（5）列的估计结果来看，*green* 对工业烟尘排放量（*soot*）、二氧化硫总排放量（so_2）、工业废水排放量（*water*）和工业二氧化硫排放量的估计系数分区显著为正，说明针对高污染高能耗行业的贷款每减少1%，会引起工业烟尘排放量下降4.2%，会减少2.9%的二氧化硫总排放量，会减少2.4%的工业废水排放量，会减少3.7%的工业二氧化硫排放量。总的来看，绿色信贷可以显著减少污染排放物，说明绿色信贷的发展能够优化环境质量，对减少污染有促进作用。由此，假说7得以验证。

二、绿色信贷的产业结构效应和能源利用效应

由于绿色信贷直接影响的并不是产业结构和能源利用，所以产业结构和能源利用只是在绿色信贷对绿色发展影响过程中起到中介作用。由此，我们侧重于验证假说8和假说9，构建如下中介效应模型：

$$GML_{it} = \delta + c \times green_{it} + X\theta + \mu_i + \nu_t + \varepsilon_{it} \tag{9-6}$$

$$M_{it} = \delta + a \times green_{it} + X\theta + \mu_i + \nu_t + \varepsilon_{it} \tag{9-7}$$

$$GML_{it} = \delta + c' \times green_{it} + b \times M + X\theta + \mu_i + \nu_t + \varepsilon_{it} \tag{9-8}$$

其中，i 和 t 分别代表国家和年份；*GML* 为绿色发展水平；*M* 为产业结构和能源利用效率两个中介变量。式（9-6）中，若系数 c 显著，则意味着产业结构和能源利用效率对绿色发展存在综合效应；式（9-7）中，若系数 a 显著，则表明绿色信贷对产业结构和能源利用效率具有显著影响；式（9-8）中，若 c' 显著而 b 不显著，则表明中介效应不存在；若 b 显著而 c' 不显著，说明产业结构和能源利用效率存在完全中介作用；如果估计系数 c' 和 b 均显

著，则说明存在部分中介作用，此时的中介效应可以通过 ab/c 计算得到。

表 9－5　　　　绿色信贷的污染效应

变量	$\ln pm_{2.5}$	$\ln soot$	$\ln so_2$	$\ln water$	$\ln ind\_so_2$
	(1)	(2)	(3)	(4)	(5)
green	0. 017 ** (0. 008)	0. 042 * (0. 023)	0. 029 ** (0. 014)	0. 024 ** (0. 010)	0. 037 ** (0. 018)
ln*pgdp*	−0. 224 ** (0. 103)	1. 337 *** (0. 286)	1. 734 *** (0. 183)	0. 368 ** (0. 160)	1. 683 *** (0. 238)
$\ln pgdp^2$	0. 006 (0. 004)	−0. 091 *** (0. 014)	−0. 102 *** (0. 008)	0. 009 (0. 008)	−0. 105 *** (0. 010)
ind	−0. 002 (0. 002)	−0. 008 * (0. 005)	0. 005 (0. 003)	−0. 009 *** (0. 003)	0. 013 *** (0. 004)
ln*cap_lab*	0. 031 (0. 021)	0. 164 *** (0. 048)	0. 174 *** (0. 037)	0. 028 (0. 028)	0. 104 ** (0. 049)
fdi	0. 007 ** (0. 003)	−0. 036 *** (0. 008)	0. 003 (0. 006)	0. 002 (0. 005)	0. 007 (0. 007)
ln*den*	−0. 246 *** (0. 085)	0. 224 (0. 191)	0. 175 (0. 152)	0. 031 (0. 113)	0. 192 (0. 197)
ln*en*	0. 723 *** (0. 248)	1. 489 ** (0. 618)	2. 640 *** (0. 442)	0. 276 (0. 352)	2. 025 *** (0. 575)
常数项	5. 743 *** (0. 766)	−2. 518 (2. 084)	−5. 205 *** (1. 365)	8. 155 *** (1. 172)	4. 086 ** (1. 774)
年份固定效应	Y	Y	Y	Y	Y
省份固定效应	Y	Y	Y	Y	Y
N	480	360	480	390	480

注：每个模型均控制了时间固定效应和地区固定效应，括号内的数值为稳健性的标准误。*、**、*** 分别表示通过了 10%、5%、1% 水平的显著性检验。

根据式（9－6）～式（9－8），我们分别对产业结构和能源利用效率的中介效应进行检验，表 9－6 汇报了估计结果。前三列为产业结构的中介效应检验，首先从第（1）列可以看出，绿色信贷对绿色发展的系数显著为负，从第（2）列可以看出，绿色信贷对产业结构也具有显著的正向影响；从第（3）列或第（5）列可以看出，将产业结构与绿色信贷同时放入模型后，绿色信贷的系数仍然显著，但系数从 -0.015 变为 -0.014，此时的产业结构系数显著为负，系数为 -0.002，由此我们可以判断产业结构具有部分中介效应，通过简单测算：0.518 ×（-0.002）/（-0.015）=0.069，得到中介效应为6.9%。说明绿色信贷不仅具有产业结构效应，产业结构还存在中介效应，即随着对高污染高能耗行业的贷款减少，可以让第二产业的比重下降，第二产业的比重下降，可以带来绿色发展的提升，假说 8 得以验证。

表 9-6　　绿色信贷的产业结构效应和能源利用效应

变量	*GML*	*ind*	*GML*	ln*en*	*GML*
	(1)	(2)	(3)	(4)	(5)
green	-0.015 *** (0.003)	0.518 ** (0.208)	-0.015 *** (0.003)	0.003 * (0.002)	-0.014 *** (0.003)
ind			-0.002 ** (0.001)	0.003 *** (0.000)	-0.002 ** (0.001)
ln*en*	-0.035 (0.080)	42.066 *** (5.033)			0.044 (0.086)
gdp	0.152 *** (0.036)	33.223 *** (2.255)	0.206 *** (0.041)	-0.188 *** (0.023)	0.214 *** (0.044)
gdp^2	-0.003 * (0.002)	-0.382 *** (0.113)	-0.004 ** (0.002)	0.003 *** (0.001)	-0.004 ** (0.002)
ln*cap_lab*	0.007 (0.009)	1.874 *** (0.558)	0.010 (0.009)	-0.006 (0.005)	0.011 (0.009)
fdi	0.003 ** (0.001)	0.001 (0.085)	0.003 ** (0.001)	-0.001 (0.001)	0.003 ** (0.001)
ln*den*	0.032 (0.036)	-5.815 ** (2.262)	0.024 (0.036)	0.059 *** (0.020)	0.021 (0.036)
_cons	-0.134 (0.301)	-172.628 *** (18.945)	-0.415 (0.316)	0.972 *** (0.178)	-0.457 (0.327)
年份固定效应	Y	Y	Y	Y	Y
省份固定效应	Y	Y	Y	Y	Y
N	480	480	480	480	480

注：每个模型均控制了时间固定效应和地区固定效应，括号内的数值为稳健性的标准误。*、**、*** 分别表示通过了 10%、5%、1% 水平的显著性检验。

同理，后三列考察能源利用效率的中介效应，从第（3）列可以看出，绿色信贷对绿色发展的影响显然为负，系数为 -0.015；从第（4）列可以看出，绿色信贷对能源利用效率的系数显著为正；从第（5）列可以看出，当同时考察两个因素后，绿色发展的系数仍然为负，但是此时的能源利用效率的系数不显著，说明能源利用效应并不起中介作用。但是从第（4）列的结果来看，绿色信贷与能源利用效应存在正向关系，即随着对高污染高能耗行业的贷款减少，单位 GDP 的能源利用减少，也说明绿色信贷具有能源利用效率效应，假说 9 得以验证。

三、绿色信贷的环保投资效应

绿色发展水平提高离不开环境污染的治理，而环境污染的治理需要进行大量的环境治理投资。绿色信贷作为一种金融政策，可以对环境治理投资产生直接的影响，从而提高绿色发展水平。因此，本章重点考察了绿色信贷的环境投资效应。通过查阅《中国环境统计年鉴》，本章获得了 2005 ~ 2016 年的中国省级环境投资的数据，具体包括环境污染治理投资总额、城市环境基础设施建设投资额、工业污染源治理投资额、“三同时”环保建设项目投资额、环境污染治理投资总额占 GDP 比重（%）五个指标。本章将前四个指标分别取对数后得到四个变量（有个别数值小于 1，取对数前每个数加 1 来解决对数后为非负数），分别是 ln*ei*、ln*cityei*、ln*ind_ei*、ln*thr_ei*。环境污染治理投资总额占 GDP 比重（*eniv_gdp*）第五个指数是一个相对值，就取原始值。

表 9 - 7 汇报相应的估计结果。从五个模型的结果来看，绿色信贷的系数均在 10% 的水平上显著为正，说明随着针对高污染高能耗行业的贷款增加，国家在不同层面用于环境投资的经费均在增加；反过来，对高污染高能耗行业的贷款每减少 1%，国家将减少 8.3% 城市环境基础设施建设投资额、减少 7.4% 的环境污染治理投资总额，环境污染治理投资总额占 GDP 比重将减少 11%，减少 8.5% 的工业污染源治理投资额，减少 11.7% 的“三同时”环保项目投资额。从总体上看，绿色信贷的增加会在 10% 的置信区间上对环境污染治理的各投资额有显著正向影响。由此，假说 10 得以验证。

表 9-7　　　　绿色信贷的环保投资效应

变量	ln*cityei*	ln*ei*	*eniv_gdp*	ln*ind_ei*	ln*thr_ei*
	(1)	(2)	(3)	(4)	(5)
green	0.082 * (0.047)	0.074 * (0.038)	0.110 * (0.058)	0.085 * (0.049)	0.117 * (0.062)
ln*pgdp*	1.852 *** (0.535)	1.522 *** (0.434)	0.558 (0.670)	1.307 ** (0.567)	0.619 (0.717)
ln$pgdp^2$	-0.044 (0.028)	-0.064 *** (0.023)	-0.108 *** (0.035)	-0.131 *** (0.029)	-0.025 (0.037)
ln*cap_lab*	0.038 (0.095)	0.067 (0.077)	0.117 (0.119)	0.166 (0.101)	0.032 (0.128)
fdi	0.007 (0.016)	0.003 (0.013)	0.002 (0.020)	-0.001 (0.017)	0.017 (0.021)
ln*den*	0.005 (0.382)	-0.015 (0.310)	-0.156 (0.478)	-1.059 *** (0.405)	0.241 (0.512)
industry	0.020 ** (0.009)	0.023 *** (0.007)	0.034 *** (0.011)	0.035 *** (0.009)	0.013 (0.012)
常数项	-10.299 *** (3.945)	-5.364 * (3.200)	3.378 (4.934)	4.822 (4.181)	-2.976 (5.281)
年份固定效应	Y	Y	Y	Y	Y
省份固定效应	Y	Y	Y	Y	Y
N	360	360	360	360	360

注：每个模型均控制了时间固定效应和地区固定效应，括号内的数值为稳健性的标准误。*、**、*** 分别表示通过了 10%、5%、1% 水平的显著性检验。

第十章　主要结论与启示

第一节　主要结论

一、绿色金融政策的实施能实现高污染高能耗行业增量碳的减排效应

从文献出发，分析绿色金融通过影响企业融资、企业投资以及资源配置三方面促进企业的碳排放减少，从而从理论上提出绿色金融会影响行业碳排放的机制，进而提出理论假说。利用《绿色信贷指引》的发布作为绿色金融政策冲击，将高污染高能耗产业的碳排放作为处理组，其他工业行业的碳排放作为对照组，采用 DID 和 PSM-DID 等方法，考察绿色金融政策对碳排放的影响。主要观点为：（1）绿色金融显著降低了高污染高能耗产业的增量碳排放；（2）绿色金融对碳排放的影响具有时间滞后效应，也就是说绿色金融政策实施到政策效果实现有一定的时间滞后；（3）区域异质性分析显示，绿色金融政策对东北地区的高污染高能耗行业增量碳排放的减排效应影响最大，其他地区顺次为东部地区、中部地区和西部地区，行业异质性分析显示，绿色金融政策对国有资本占比较低的行业和行业平均利润率小于零的行业影响更大。

二、绿色金融政策可以实现对高污染高能耗行业的信贷进行有效控制

在理论假说的基础上，将 2012 年《绿色信贷指引》的颁布作为一项准自然实验，利用 2007 ~ 2016 年 30 个省份 23 个行业层面的面板数据，采用 DID 和 PSM-DID 等分析方法，实证检验了《绿色信贷指引》对高污染高能耗

工业行业信贷规模的影响。通过双重差分法的分析发现，《绿色信贷指引》的颁布有助于降低高污染高能耗工业行业的信贷规模。主要观点有：（1）绿色信贷政策对高污染高能耗行业的信贷具有显著的负向影响，经过一系列稳健性检验后，结果仍然成立；（2）动态分析发现，绿色信贷政策对高污染高能耗行业信贷的影响具有递减的负向效应；（3）异质性分析发现，绿色信贷政策对不同区域和不同行业的影响具有显著的异质性特征。

三、绿色金融通过影响产业结构升级以实现经济高质量发展

从理论分析出发，认为绿色金融可以通过资本流动、产业整合和政策引导三个途径，从而促进产业结构升级、高级化和合理化，最终促进经济高质量发展。将非高污染高能耗行业的信贷占比作为绿色金融的衡量指标，利用空间计量模型考察绿色金融对产业结构升级的影响。主要观点有：（1）绿色金融、产业结构升级、产业结构高级化和合理化指数，在 2001 ~2016 年的大部分年份的莫兰指数显著为正，说明本书关注的这四个核心变量具有空间依赖性，在估计其相互影响时，应该采用空间计量模型；（2）不管是空间自相关模型，还是空间杜宾模型，也不管是空间邻近矩阵，还是距离倒数矩阵和经济距离矩阵，绿色信贷均对产业结构升级、产业结构高级化和合理化指数具有显著的正向影响；（3）产业结构升级、产业结构合理化和高级化的空间滞后项系数均为正，说明邻近地区的产业结构提升会显著促进本地区的产业结构提升，这也验证了地区政府之间存在产业结构竞争的现象；（4）绿色信贷对产业结构提升的空间效应，在不同的权重矩阵情况下，以及不同的产业结构升级指标下，具有不同的直接效应、间接效应和总效应。

四、绿色金融通过提升绿色全要素生产率来实现绿色高质量发展

将高污染高能耗产业的信贷占比作为绿色信贷指标，采用全局 Malmquist-Luenberger 指数测算绿色全要素生产率作为衡量绿色高质量发展的指标，分别采用固定效应、差分 GMM、系统 GMM 等计量方法考察绿色金融对绿色高质量发展的影响。主要观点如下：（1）利用高污染高能耗行业的信贷利息占比衡量绿色信贷水平，随着高污染高能耗行业的贷款规模减少，绿

色高质量发展水平显著提升；（2）将绿色全要素生产率分解为绿色发展效率变化和绿色发展技术进步，结果发现随着高污染高能耗行业的贷款规模减少，绿色高质量发展效率变化和技术进步均显著提升；（3）采用直接检验和中介检验方法，发现随着高污染高能耗行业的贷款规模减少，污染水平也呈现显著下降的趋势，第二产业比重和能源利用效应呈现显著下降趋势，国家用于不同层次衡量的环境投资均呈现显著下降的趋势。

第二节 主要启示

一、完善多维的绿色金融政策体系，积极推进我国绿色金融发展

目前，我国在绿色信贷、绿色基金、绿色债券和绿色保险等方面均出现了诸多政策文件，有力地推进了我国绿色金融的发展。但整体而言，绿色金融在我国还是相对新的领域，其政策体系还远未达到完善的程度。随着国内外国际形势的变化，绿色金融的发展可能会面临诸多机遇和挑战。因此，完善多维度的绿色金融政策体系是发展绿色金融的重要保障。首先，绿色信贷政策作用于中观的产业经济，不仅会影响微观的企业，更重要的是会影响宏观的国民经济。因此，绿色信贷政策的实施可以从微观、中观和宏观层面改变经济发展模式和经济增长模式，实现经济绿色化的高质量的发展。其次，绿色基金、绿色债券和绿色保险等政策，直接受到影响的是具体的微观企业，让污染企业转变生产方式，让清洁生产的企业得到快速发展，可以带来整个社会产业结构的转变和升级。

二、加强绿色金融在经济绿色化过程中的推动作用

根据前面的研究，绿色金融政策，特别是绿色信贷政策具有减排效应。事实上，绿色金融政策的目标就是加强环境治理，实现节能减排。首先，绿色金融政策和绿色金融的发展，可以直接让污染企业的发展受到限制。主要途径为：通过绿色信贷政策减少其获得融资的可能性；通过绿色保险政策，让污染企业增加污染责任保险；通过绿色债券和绿色证券政策让污染企业在资

本市场上无法获得融资；通过上述途径，实现环境治理和节能减排的目标。其次，绿色金融政策和绿色金融的发展，可以让新能源、节能环保产业得到较快的发展。其主要途径为：通过绿色信贷政策让绿色企业获得信贷优惠，扩大生产规模，提高其产业的占比；通过绿色基金、绿色债券、绿色证券等政策，让绿色企业更容易获得资本市场的融资支持，扩大生产规模和提高其产业的占比。

三、加强绿色金融在我国高质量发展过程中的推动作用

绿色金融政策和绿色金融的发展，会带来产业结构深层次的变化。首先，绿色金融的发展直接带来产业结构中污染产业与非污染产业的结构优化。其次，由于污染产业中大量是落后产能和过剩产能的行业，绿色金融的发展限制了污染产业的发展，就是提升了全社会的产能利用效率。最后，非污染产业中，特别是清洁生产企业和新能源企业，大多属于高新技术产业，因此绿色金融的发展会带来整个社会的产业结构高级化和合理化，特别是提升高新技术产业的占比具有重要的推动作用。

绿色金融政策和绿色金融的发展，会带来绿色全要素生产率的提升。第一，由于绿色金融的发展会带来污染水平的下降。因此，在测算绿色全要素生产率的过程中，非期望产出的下降会提升绿色全要素生产率。第二，绿色金融的发展，会减少对污染产业的投资，而增加对非污染产业的投资。因此，在测算绿色全要素生产率的过程中，资本投入和劳动投入的结构会发生变化，从而更有利于绿色全要素生产率的提升。第三，随着产业结构的优化，经济的新增长动力的作用被充分发挥，可以带来更高的经济产业。在测算绿色全要素生产率的过程中，可以带来期望产出的增加，从而有利于绿色全要素生产率的提升。

通过本书的研究，绿色金融至少可以从产业结构和绿色全要素生产率两个方面提高经济发展质量。

第三节　研究展望

一、不足之处

本书从整体上基本搭建起绿色金融、经济绿色化与高质量发展之间的研

究框架。但是，针对具体的内容还存在诸多不足：

第一，绿色金融、经济绿色化与高质量发展的政策与实践有待进一步完善。这部分内容主要在第三、第四、第五章。该部分的研究还存在一些未考虑到的政策和实践案例，特别是随着国家在这三个方面的重视，今后还会有相应的政策出台，需要对这部分的内容进行完善和补充。

第二，部分章节的机制分析有待进一步加强。绿色金融的减排效应研究（第六章）、绿色金融的信贷规模减少效应（第七章），对这两部分的机制分析还需要进一步加强。

二、下一步研究计划

第一，继续跟踪国家的政策方针，对绿色金融的相关政策、经济绿色化和高质量发展的相关举措进行归纳和总结，对本书相应部分需要进行补充和完善，希望本书的出版成为该领域研究的重要参考资料。

第二，针对第六章部分的机制分析，下一步着手从绿色金融对行业融资、行业投资以及行业资源配置三个方面进行深入分析，弥补绿色金融减排效应的机制分析；针对第七章，绿色金融对行业信贷规模的影响机制，下一步重点从融资约束、新增投资等角度展开研究，希望能将绿色金融的信贷影响机制讲清楚。

参考文献

[1] 安国俊．绿色基金发展的国际借鉴 [J]. 中国金融，2016 (16)：30 – 32.

[2] 安国俊．中国绿色基金发展趋势 [J]. 中国金融，2018 (19)：81 – 82.

[3] 安伟．绿色金融的内涵、机理和实践初探 [J]. 经济经纬，2008 (5)：156 – 158.

[4] 北京师范大学科学发展观与经济可持续发展研究基地，西南财经大学绿色经济与经济可持续发展研究基地，国家统计局中国经济景气监测中心．2012 中国绿色发展指数报告摘编 [J]. 经济研究参考，2012 (67)：5 – 98.

[5] 曹东，赵学涛，杨威杉．中国绿色经济发展和机制政策创新研究 [J]. 中国人口·资源与环境，2012 (5)：48 – 54.

[6] 曹鸿英，余敬德．区域金融集聚性对绿色经济溢出效应的统计检验 [J]. 统计与决策，2018，34 (20)：152 – 155.

[7] 曹信孚．联邦德国创办生态银行 [J]. 上海环境科学，1989 (4)：46 – 47.

[8] 曾宪奎．以供给侧结构性改革为主线促进现代化经济体系建设 [J]. 当代经济管理，2020，42 (4)：1 – 5.

[9] 曾学文，刘永强，满明俊，沈启浪．中国绿色金融发展程度的测度分析 [J]. 中国延安干部学院学报，2014 (6)：107，114 – 123.

[10] 常杪，杨亮，王世汶．日本政策投资银行的最新绿色金融实践——促进环境友好经营融资业务 [J]. 环境保护，2008 (10)：68 – 71.

[11] 陈立铭，郭丽华，张伟伟．我国绿色信贷政策的运行机制及实施路径 [J]. 当代经济研究，2016 (1)：91 – 96.

[12] 陈柳钦．国内外绿色信贷发展动态分析 [J]. 决策咨询通讯，2010 (6)：1 – 10，15.

[13] 陈渌萍，杨春立，周润松．关于工业互联网“新基建”高质量发

展的实践与思考［J］. 网络安全和信息化，2020（5）：26－29.

［14］陈明艺，李娜．中国经济高质量发展绿色检验——基于省级面板数据［J］. 上海经济研究，2020（5）：49－59，72.

［15］陈娜，吴玉铃．福建省绿色金融对区域经济生态化发展的影响研究——基于截距维的固定效应模型［J］. 新疆财经大学学报，2019（4）：13－24.

［16］陈琪．中国绿色信贷政策落实了吗——基于“两高一剩”企业贷款规模和成本的分析［J］. 当代财经，2019（3）：118－129.

［17］陈琪．中国绿色信贷政策落实了吗——基于“两高一剩”企业贷款规模和成本的分析［J］. 当代财经，2019（3）：120－131.

［18］陈诗一，陈登科．雾霾污染、政府治理与经济高质量发展［J］. 经济研究，2018，53（2）：20－34.

［19］陈万铭．层级间目标冲突与银行价值跨期最大化——基于银行家效用函数的研究［D］. 厦门大学，2007.

［20］陈伟光，胡当．绿色信贷对产业升级的作用机理与效应分析［J］. 江西财经大学学报，2011（4）：12－20.

［21］陈曦，周鹏．中国国际贸易碳排放水平实证研究［J］. 中国经贸导刊（中），2020（5）：106－111.

［22］陈奕，谢羽，欧阳玉秀．我国绿色保险实施中存在的问题和发展对策研究［J］. 知识经济，2015（5）.

［23］陈智莲，高辉，张志勇．绿色金融发展与区域产业结构优化升级——以西部地区为例［J］. 西南金融，2018（11）：70－76.

［24］迟震．我国绿色信贷的实施现状［J］. 区域治理，2019（38）：20－22.

［25］储德银，费冒盛．财政纵向失衡、土地财政与经济高质量发展［J］. 财经问题研究，2020（3）：75－85.

［26］楚尔鸣，何鑫．金融结构与产业结构的互动机理及实证［J］. 统计与决策，2016（7）：168－171.

［27］褚敏，靳涛．为什么中国产业结构升级步履迟缓——基于地方政府行为与国有企业垄断双重影响的探究［J］. 财贸经济，2013（3）：112－122.

［28］丛戎，曾煜．促进节能环保产业发展的绿色信贷产品创新研究［J］. 金融经济，2018（18）：8－10.

［29］崔兴华，林明裕．FDI如何影响企业的绿色全要素生产率——基于

Malmquist-Luenberger 指数和 PSM - DID 的实证分析 [J]. 经济管理, 2019 (3): 38 - 55.

[30] 单科举. 我国绿色发展基金运作情况探析 [J]. 金融理论与实践, 2018 (11): 93 - 96.

[31] 党登辉. 兴业银行绿色债券发行案例研究 [D]. 兰州财经大学, 2017.

[32] 邓慧慧, 杨露鑫, 潘雪婷. 高铁开通能否助力产业结构升级: 事实与机制 [J]. 财经研究, 2020, 46 (6): 34 - 48.

[33] 邓玲, 刘安凤. 环保投资效应分析——基于绿色全要素生产率视角 [J]. 经济问题探索, 2019 (8): 134 - 147.

[34] 丁杰. 绿色信贷政策、信贷资源配置与企业策略性反应 [J]. 经济评论, 2019 (4): 62 - 75.

[35] 丁志帆. 数字经济驱动经济高质量发展的机制研究: 一个理论分析框架 [J]. 现代经济探讨, 2020 (1): 85 - 92.

[36] 董晓红, 富勇. 绿色金融和绿色经济耦合发展空间动态演变分析 [J]. 工业技术经济, 2018, 37 (12): 94 - 101.

[37] 杜佳轩. 我国绿色金融债券的可持续发展道路探究——以兴业银行为例 [J]. 山西农经, 2019 (5): 139 - 140.

[38] 杜俊涛, 陈雨, 宋马林. 财政分权、环境规制与绿色全要素生产率 [J]. 科学决策, 2017 (9): 65 - 92.

[39] 杜莉, 韩丽娜. 论碳金融体系及其运行架构 [J]. 吉林大学社会科学学报, 2010 (5): 57 - 63.

[40] 杜莉, 张鑫. 绿色金融、社会责任与国有商业银行的行为选择 [J]. 吉林大学社会科学学报, 2012 (5): 82 - 89.

[41] 杜莉, 郑立纯. 我国绿色金融政策体系的效应评价——基于试点运行数据的分析 [J]. 清华大学学报 (哲学社会科学版), 2019, 34 (1): 173 - 182.

[42] 樊士德, 沈坤荣. 中国经济增长的困境与路径选择——学习党的十八大精神 [J]. 江苏社会科学, 2013 (2): 88 - 92.

[43] 冯石, 刘焕明. 十七大报告对科学发展观的“新”发展 [J]. 荆门职业技术学院学报, 2008 (11): 50 - 52.

[44] 冯志军, 康鑫, 陈伟. 知识产权管理、产业升级与绿色经济增

长——以产业转型升级期的广东为例［J］. 中国科技论坛，2016（1）：118－123.

［45］付凌晖. 我国产业结构高级化与经济增长关系的实证研究［J］. 统计研究，2010，27（8）：78－81.

［46］傅京燕，胡瑾，曹翔. 不同来源FDI、环境规制与绿色全要素生产率［J］. 国际贸易问题，2018（7）：134－148.

［47］傅京燕，刘映萍. 绿色金融促进粤港澳大湾区经济高质量发展的机制分析［J］. 环境保护，2019，47（24）：36－38.

［48］傅勇，张晏. 中国式分权与财政支出结构偏向：为增长而竞争的代价［J］. 管理世界，2007（3）：4－12.

［49］干春晖，郑若谷，余典范. 中国产业结构变迁对经济增长和波动的影响［J］. 经济研究，2011，46（5）：4－16，31.

［50］高宏伟. 谈我国经济绿色化发展的制度支持［J］. 经济问题，2004（11）：30－31.

［51］高建良. "绿色金融"与金融可持续发展［J］. 金融理论与教学，1998（4）：20－22.

［52］高培勇，杜创，刘霞辉，袁富华，汤铎铎. 高质量发展背景下的现代化经济体系建设：一个逻辑框架［J］. 经济研究，2019，54（4）：4－17.

［53］高晓燕，王治国. 绿色金融与新能源产业的耦合机制分析［J］. 江汉论坛，2017（11）：42－47.

［54］弓媛媛. 环境规制对中国绿色经济效率的影响——基于30个省份的面板数据的分析［J］. 城市问题，2018（8）：68－78.

［55］宫海鹏. 农业政策性金融开展绿色信贷助推低碳农业发展研究［J］. 金融论坛，2010（S1）：100－104.

［56］龚新蜀，李梦洁. OFDI、环境规制与中国工业绿色全要素生产率［J］. 国际商务研究，2019（1）：86－96.

［57］顾洪梅，何彬. 中国省域金融发展与碳排放研究［J］. 中国人口·资源与环境，2012，22（8）：22－27.

［58］郭朝先，刘芳. "一带一路"产能合作新进展与高质量发展研究［J］. 经济与管理，2020，34（3）：27－34.

［59］郭朝先，刘艳红，杨晓琰，王宏霞. 中国环保产业投融资问题与机制创新［J］. 中国人口·资源与环境，2015（8）：92－99.

[60] 郭朝先．产业融合创新与制造业高质量发展［J］．北京工业大学学报（社会科学版），2019，19（4）：49－60．

[61] 郭晗．数字经济与实体经济融合促进高质量发展的路径［J］．西安财经学院学报，2020，33（2）：20－24．

[62] 郭建伟．金融视角：新疆经济绿色化改造研究［J］．金融发展评论，2015（12）：1－15．

[63] 郭添．我国商业银行绿色信贷发展现状［J］．市场研究，2019（8）：70－71．

[64] 郭彦迪，李晓乐．习近平生态文明思想研究综述［J］．经济研究导刊，2020（4）：176－179．

[65] 国家发展改革委员会一带一路建设促进中心．共建一带一路这一年［N］．人民日报，2020－01－17（17）．

[66] 韩倩倩．绿色资本助力中国经济“绿色化”［J］．中国战略新兴产业，2015（18）：23－25．

[67] 何德旭，张雪兰．对我国商业银行推行绿色信贷若干问题的思考［J］．上海金融，2007（12）：5－10．

[68] 何凌云，梁宵，杨晓蕾，钟章奇．绿色信贷能促进环保企业技术创新吗［J］．金融经济学研究，2019（5）：109－121．

[69] 何凌云，吴晨，钟章奇，祝婧然．绿色信贷、内外部政策及商业银行竞争力——基于9家上市商业银行的实证研究［J］．金融经济学研究，2018，33（1）：91－103．

[70] 和秀星．实施“绿色金融”政策是金融业面向21世纪的战略选择［J］．南京审计学院学报，1998（4）：22－25．

[71] 洪银兴．改革开放以来发展理念和相应的经济发展理论的演进——兼论高质量发展的理论渊源［J］．经济学动态，2019（8）：10－20．

[72] 侯纯光，程钰，任建兰，陈延斌．科技创新影响区域绿色化的机理——基于绿色经济效率和空间计量的研究［J］．科技管理研究，2017，37（8）：250－259．

[73] 侯纯光．中国绿色化进程与绿色度评价研究［D］．山东师范大学，2017．

[74] 胡安军，郭爱君，钟方雷，王祥兵．高新技术产业集聚能够提高地区绿色经济效率吗？［J］．中国人口·资源与环境，2018，28（9）：93－101．

［75］胡春生，蔡锦松，丁毅．绿色金融路径下公司行为重构［J］．科学·经济·社会，2013，31（4）：48－51.

［76］胡金焱，王梦晴．我国金融发展与二氧化碳排放——基于1998－2015年省级面板数据的研究［J］．山东社会科学，2018（4）：118－124.

［77］胡锦涛．高举中国特色社会主义伟大旗帜为夺取全面建设小康社会新胜利而奋斗［M］．北京：人民出版社，2007.

［78］胡梅梅，邓超，唐莹．绿色金融支持“两型”产业发展研究［J］．经济地理，2014（11）：107－111.

［79］胡绪华，陈默．生产性服务业集聚、房价上涨与地区绿色经济效率提升——基于中国大中型城市数据的实证分析［J］．南京审计大学学报，2020，17（1）：82－92.

［80］胡耀邦．中国共产党第十二次全国代表大会上的报告，1982.

［81］环境保护部环境与经济政策研究中心．中国绿色信贷发展报告2010［R］．北京：环境保护部，2010.

［82］黄建欢，吕海龙，王良健．金融发展影响区域绿色发展的机理——基于生态效率和空间计量的研究［J］．地理研究，2014（3）：134－147.

［83］黄世政，曾海亮．国际金融危机下我国台湾地区创新政策滞后效应［J］．技术经济与管理研究，2020（5）：41－46.

［84］黄娅娜，邓洲．新时代经济高质量发展的内涵、现状、问题和对策［J］．中国井冈山干部学院学报，2019，12（5）：23－30.

［85］黄永明，姜泽林．金融结构、产业集聚与经济高质量发展［J］．科学学研究，2019（10）.

［86］纪霞．国外绿色信贷发展经验及启示［J］．改革与战略，2016，32（2）：57－59，154.

［87］季铸，白洁，孙瑾，等．中国300个省市绿色经济与绿色GDP指数（CCGEI2011）绿色发展是中国未来的唯一选择［J］．中国对外贸易，2012（2）：24－33.

［88］季铸，李磊，何燕．中国经济面临从工业文明向绿色文明的重大转变——中国300个省市绿色经济指数报告［J］．中国对外贸易，2010（12）：54－70.

［89］贾妮莎，韩永辉，邹建华．中国双向FDI的产业结构升级效应：理论机制与实证检验［J］．国际贸易问题，2014（11）：108－120.

[90] 蒋先玲，张庆波．发达国家绿色金融理论与实践综述 [J]. 中国人口·资源与环境，2017 (S1)：332 -335.

[91] 卡马·耶夫．经济增长的速度和质量 [J]. 武汉：湖北人民出版社，1983.

[92] 蓝乐琴，黄让．创新驱动经济高质量发展的机理与实现路径 [J]. 科学管理研究，2019，37 (6)：10 -17.

[93] 蓝庆新，陈超凡．新型城镇化推动产业结构升级了吗？——基于中国省级面板数据的空间计量研究 [J]. 财经研究，2013，39 (12)：57 -71.

[94] 雷立钧，高红用．绿色金融文献综述：理论研究、实践的现状及趋势 [J]. 投资研究，2009 (3)：17 -21.

[95] 黎丽，谢伟，魏书传，汪杨．发力绿色金融 [J]. 金融经济，2016 (11)：8 -9.

[96] 李春娟．改革开放以来中国环境政策及其实践走向 [D]. 内蒙古大学，2010.

[97] 李大元，黄敏，周志方．组织合法性对企业碳信息披露影响机制研究——来自 CDP 中国 100 的证据 [J]. 研究与发展管理，2016 (28)：54.

[98] 李福祥，刘琪琦，张霄怡．金融集聚对产业结构升级与经济增长影响的区域差异——基于省级面板数据的实证分析 [J]. 商业经济研究，2016 (18)：166 -169.

[99] 李光龙，范贤贤．财政支出、科技创新与经济高质量发展——基于长江经济带 108 个城市的实证检验 [J]. 上海经济研究，2019 (10)：46 -60.

[100] 李红梅．社会主义新农村生态文明建设研究 [D]. 武汉大学，2011.

[101] 李华友，杨姝影，李黎．绿色信贷加快德国转入绿色发展轨道 [J]. 环境保护，2010 (7)：67 -69.

[102] 李晖，唐志鹏．中国经济增长的内需动力因素分析——基于 WIOD 数据库的国际比较研究 [J]. 现代经济探讨，2018 (6)：20 -28.

[103] 李辉．数字经济推动企业向高质量发展的转型 [J]. 西安财经学院学报，2020，33 (2)：25 -29.

[104] 李江龙，徐斌．“诅咒”还是“福音”：资源丰裕程度如何影响中国绿色经济增长？[J]. 经济研究，2018，53 (9)：151 -167.

[105] 李金昌，史龙梅，徐蔼婷．高质量发展评价指标体系探讨 [J].

统计研究，2019，36（1）：4－14.

［106］李亮，李晓红．高质量发展背景下绿色金融纳入央行MPA考核的制度设计与实证分析［J］．管理学刊，2019，32（4）：32－40.

［107］李梦欣，任保平．中国特色绿色发展道路的阶段性特征及其实现的路径选择［J］．经济问题2019（10）：32－38，120.

［108］李苗苗，肖洪钧，赵爽．金融发展、技术创新与经济增长的关系研究——基于中国的省市面板数据［J］．中国管理科学，2015（2）：162－169.

［109］李鹏升，陈艳莹．环境规制、企业议价能力和绿色全要素生产率［J］．财贸经济，2019（11）：144－160.

［110］李树．经济绿色化发展与积极绿色财政政策的实施［J］．经济问题探索，2002（4）：50－53.

［111］李卫兵，刘方文，王滨．环境规制有助于提升绿色全要素生产率吗？——基于两控区政策的估计［J］．华中科技大学学报（社会科学版），2019（1）：72－82.

［112］李学峰，李依静，胡煊翊．绿色基金效率及其持续性研究［J］．产权导刊，2019（11）：37－43.

［113］李毓，胡海亚，李浩．绿色信贷对中国产业结构升级影响的实证分析——基于中国省级面板数据［J］．经济问题，2020（1）：37－43.

［114］李元旭，曾铖．政府规模、技术创新与高质量发展——基于企业家精神的中介作用研究［J］．复旦学报（社会科学版），2019，61（3）：155－166.

［115］连莉莉．绿色信贷影响企业债务融资成本吗？——基于绿色企业与“两高”企业的对比研究［J］．金融经济学研究，2015，30（5）：85－95

［116］林伯强，谭睿鹏．中国经济集聚与绿色经济效率［J］．经济研究，2019，54（2）：119－132.

［117］林德简，陈加利，邱国玉．中国环保产业的绿色金融支持因子研究——基于中证环保产业50指数成份股的实证分析［J］．工业技术经济，2018（5）：129－135.

［118］林宏伟，邵培基．区块链对数字经济高质量发展的影响因素研究［J］．贵州社会科学，2019（12）：112－121.

［119］林兆木．我国经济高质量发展的内涵和要义［J］．西部大开发，2018（Z1）：111－113.

[120] 刘秉镰，陈诗一．增长动力转换与高质量发展 [J]. 经济学动态，2019 (6)：63－72.

[121] 刘秉镰，武鹏，刘玉海．交通基础设施与中国全要素生产率增长——基于省域数据的空间面板计量分析 [J]. 中国工业经济，2010 (3)：56－66.

[122] 刘畅．我国绿色保险发展研究 [D]. 辽宁大学，2019.

[123] 刘传哲，任懿．绿色信贷对能源消费结构低碳化的影响研究 [J]. 武汉金融，2019 (11)：66－70.

[124] 刘海英，王殿武，尚晶．绿色信贷是否有助于促进经济可持续增长——基于绿色低碳技术进步视角 [J]. 吉林大学社会科学学报，2020，60 (3)：96－105，237.

[125] 刘加林．环境约束视角下我国绿色经济增长区域差异性影响研究——基于省级动态面板数据分析 [J]. 湘潭大学学报（哲学社会科学版），2013，37 (2)：69－73.

[126] 刘婧宇，夏炎，林师模，吴洁，范英．基于金融 CGE 模型的中国绿色信贷政策短中长期影响分析 [J]. 中国管理科学，2015 (4)：46－52.

[127] 刘瑞，郭涛．高质量发展指数的构建及应用——兼评东北经济高质量发展 [J]. 东北大学学报（社会科学版），2020，22 (1)：31－39.

[128] 刘瑞明，赵仁杰．西部大开发：增长驱动还是政策陷阱——基于 PSM-DID 方法的研究 [J]. 中国工业经济，2015 (6)：34－45.

[129] 刘莎，刘明．绿色金融、经济增长与环境变化——西北地区环境指数实现“巴黎承诺”有无可能？[J]. 当代经济科学，2020 (1)：71－84.

[130] 刘胜，顾乃华，李文秀，陈秀英．城市群空间功能分工与制造业企业成长——兼议城市群高质量发展的政策红利 [J]. 产业经济研究，2019 (3)：52－62.

[131] 刘思明，张世瑾，朱惠东．国家创新驱动力测度及其经济高质量发展效应研究 [J]. 数量经济技术经济研究，2019，36 (4)：3－23.

[132] 刘锡良，文书洋．中国的金融机构应当承担环境责任吗？——基本事实、理论模型与实证检验 [J]. 经济研究，2019，54 (3)：38－54.

[133] 刘亚雪，田成诗，程立燕．世界经济高质量发展水平的测度及比较 [J]. 经济学家，2020，(5)：69－78.

[134] 刘仲藜，汪文庆，刘一丁．1994 年财税体制改革回顾 [J]. 财政

科学，2018（10）：5－13，24.

［135］龙卫洋，季才留．基于国际经验的商业银行绿色信贷研究及对中国的启示［J］．经济体制改革，2013（3）：155－158.

［136］龙云安，陈国庆．“美丽中国”背景下我国绿色金融发展与产业结构优化［J］．企业经济，2018（4）：11－18.

［137］鲁迪格·多恩布什，斯坦利·费希尔．宏观经济学［M］．北京：中国人民大学出版社，1997.

［138］陆波，方世南．绿色发展理念的演进轨迹［J］．重庆社会科学，2016（9）：24－30.

［139］栾小凯，胡术刚，牛海丽．中国绿色消费观的现状和培育［J］．世界环境，2017（4）：52－54.

［140］罗良文，赵凡．工业布局优化与长江经济带高质量发展：基于区域间产业转移视角［J］．改革，2019（2）：27－36.

［141］罗以洪．大数据人工智能区块链等ICT促进数字经济高质量发展机理探析［J］．贵州社会科学，2019（12）：122－132.

［142］马骏．论构建中国绿色金融体系［J］．金融论坛，2015，20（5）：18－27.

［143］马骏等．中国绿色金融发展与案例研究［M］．北京：中国金融出版社，2016.

［144］马茹，张静，王宏伟．科技人才促进中国经济高质量发展了吗？——基于科技人才对全要素生产率增长效应的实证检验［J］．经济与管理研究，2019，40（5）：3－12.

［145］马文芳．兴业银行绿色债券发行的案例分析［D］．湘潭大学，2019.

［146］马昱，邱菀华，王昕宇．高技术产业集聚、技术创新对经济高质量发展效应研究——基于面板平滑转换回归模型［J］．工业技术经济，2020，39（2）：13－20.

［147］麦均洪，徐枫．基于联合分析的我国绿色金融影响因素研究［J］．宏观经济研究，2015（5）：25－39.

［148］闵惜琳，张启人．社会经济绿色化、低碳化、信息化协调发展系统思考［J］．科技管理研究，2013，33（9）：23－35.

［149］穆献中，孔丽，余漱石．城市清洁能源消费、能源强度与金融信

贷关系研究——基于北京市的经验数据［J］. 生态经济，2019（8）：146 - 152.

［150］聂玉立，温湖炜. 中国地级以上城市绿色经济效率实证研究［J］. 中国人口·资源与环境，2015，25（S1）：409 - 413.

［151］宁伟，佘金花. 绿色金融与宏观经济增长动态关系实证研究［J］. 求索，2014（8）：62 - 66.

［152］帕瓦达瓦蒂尼·桑达拉彦，纳格拉彦·维崴克，范连颖. 绿色金融助推印度绿色经济可持续发展［J］. 经济社会体制比较，2016（6）：51 - 61.

［153］潘岳. 谈谈环境经济新政策［J］. 环境经济，2007（10）：19 - 24.

［154］裴育，徐炜锋，杨国桥. 绿色信贷投入、绿色产业发展与地区经济增长——以浙江省湖州市为例［J］. 浙江社会科学，2018（3）：45 - 53，157.

［155］彭继增，陶旭辉，徐丽. 我国数字化贫困地理集聚特征及时空演化机制. 经济地理，2019，39（2）：168 - 179.

［156］彭俞超，何山. 资管新规、影子银行与经济高质量发展［J］. 世界经济，2020，43（1）：47 - 69.

［157］彭智敏，向念，夏克郁. 长江经济带地级城市金融发展与碳排放关系研究［J］. 湖北社会科学，2018（11）：32 - 38.

［158］钱立华. 我国银行业绿色信贷体系［J］. 中国金融，2016，(22)：70 - 71.

［159］钱水土，王文中，方海光. 绿色信贷对我国产业结构优化效应的实证分析［J］. 金融理论与实践，2019（1）：1 - 8.

［160］钱争鸣，刘晓晨. 环境管制与绿色经济效率［J］. 统计研究，2015，32（7）：12 - 18.

［161］钱争鸣，刘晓晨. 中国绿色经济效率的区域差异与影响因素分析［J］. 中国人口·资源与环境，2013，23（7）：104 - 109.

［162］秦琳贵，沈体雁. 科技创新促进中国海洋经济高质量发展了吗——基于科技创新对海洋经济绿色全要素生产率影响的实证检验［J］. 科技进步与对策，2020，7（9）：105 - 112.

［163］渠慎宁. 区块链助推实体经济高质量发展：模式、载体与路径［J］. 改革，2020（1）：39 - 47.

［164］任保平，李禹墨. 经济高质量发展中生产力质量的决定因素及其提高路径［J］. 经济纵横，2018（7）：27 - 34.

[165] 尚福林. 深化金融供给侧结构性改革 推动金融业实现高质量发展 [J]. 中国银行业, 2019 (12): 10-15, 6.

[166] 邵科. 我国绿色信贷发展现状、问题及政策建议 [J]. 中国银行业, 2018 (6): 102-105.

[167] 沈洪涛, 马正彪. 地区经济发展压力、企业环境表现与债务融资 [J]. 金融研究, 2014 (2): 153-166.

[168] 沈雁昕. 中共十四大与十四年伟大实践的基本总结 [J]. 当代中国史研究, 2019, 26 (5): 68-77, 251.

[169] 盛丹, 王永进. 市场化、技术复杂度与中国省区的产业增长 [J]. 世界经济, 2011 (6): 26-47.

[170] 师博, 韩雪莹. 中国实体经济高质量发展测度与行业比较: 2004—2017 [J]. 西北大学学报 (哲学社会科学版), 2020, 50 (1): 57-64.

[171] 师博, 任保平. 中国省际经济高质量发展的测度与分析 [J]. 经济问题, 2018 (4): 1-6.

[172] 师博, 张冰瑶. 全国地级以上城市经济高质量发展测度与分析 [J]. 社会科学研究, 2019 (3): 19-27.

[173] 师博. 人工智能助推经济高质量发展的机理诠释 [J]. 改革, 2020 (1): 30-38.

[174] 师博. 数字经济促进城市经济高质量发展的机制与路径 [J]. 西安财经学院学报, 2020, 33 (2): 10-14.

[175] 史丹, 李鹏. 我国经济高质量发展测度与国际比较 [J]. 东南学术, 2019 (5): 169-180.

[176] 史丹, 李鹏. 中国工业70年发展质量演进及其现状评价 [J]. 中国工业经济, 2019 (9): 5-23.

[177] 宋德勇, 邓捷, 弓媛媛. 我国环境规制对绿色经济效率的影响分析 [J]. 学习与实践, 2017 (3): 23-33.

[178] 苏丹, 姚林华, 邹博清. 构建绿色基金体系支持绿色经济发展的思路及建议——以广西为例 [J]. 区域金融研究, 2018 (5): 56-59, 64.

[179] 苏冬蔚, 连莉莉. 绿色信贷是否影响重污染企业的投融资行为? [J]. 金融研究, 2018 (12): 123-137.

[180] 孙博文, 雷明. 市场分割、降成本与高质量发展: 一个拓展新经济地理模型分析 [J]. 改革, 2018 (7): 53-63.

[181] 孙瑾，刘文革，周钰迪．中国对外开放、产业结构与绿色经济增长——基于省际面板数据的实证检验［J］．管理世界，2014（6）：172－173.

[182] 孙开，沈安媛．横向财政差异、空间效应与经济高质量发展［J］．财经问题研究，2020（4）：74－83.

[183] 孙丽文，任相伟，邢丽云．产业生态系统构建与中国经济高质量发展——基于高新技术产业与传统产业群落互动演化视角［J］．当代经济管理，2020，42（4）：40－48.

[184] 孙浦阳，王雅楠，岑燕．金融发展影响能源消费结构吗？——跨国经验分析［J］．南开经济研究，2011（2）：28－41.

[185] 孙焱林，施博书．绿色信贷政策对企业创新的影响——基于PSM-DID模型的实证研究［J］．生态经济，2019（7）：87－91.

[186] 孙轶颋，李琳．绿色信贷与银行可持续发展［J］．中国金融，2011（10）：39－40.

[187] 田辉．中国绿色保险的现状问题与未来发展［J］．发展研究，2014（5）.

[188] 田惠敏．绿色金融助力经济高质量发展［J］．中国科技论坛，2018（4）：2－3.

[189] 涂正革，陈立．技术进步的方向与经济高质量发展——基于全要素生产率和产业结构升级的视角［J］．中国地质大学学报（社会科学版），2019，19（3）：119－135.

[190] 涂正革，周涛，谌仁俊，甘天琦．环境规制改革与经济高质量发展——基于工业排污收费标准调整的证据［J］．经济与管理研究，2019，40（12）：77－95.

[191] 托马斯．增长的质量［M］．北京：中国财政经济出版社，2001.

[192] 汪克亮，杨力，程云鹤．异质性生产技术下中国区域绿色经济效率研究［J］．财经研究，2013，39（4）：57－67.

[193] 汪伟，刘玉飞，彭冬冬．人口老龄化的产业结构升级效应研究［J］．中国工业经济，2015（11）：47－61.

[194] 王兵，刘光天．节能减排与中国绿色经济增长——基于全要素生产率的视角［J］．中国工业经济，2015（5）：57－69.

[195] 王波，董振南．我国绿色金融制度的完善路径——以绿色债券、绿色信贷与绿色基金为例［J］．金融与经济，2020（4）：84－90.

[196] 王波，郑联盛. 绿色金融支持乡村振兴的机制路径研究 [J]. 技术经济与管理研究，2019 (11)：84-88.

[197] 王彩霞. 新时代高质量发展的理论要义与实践路径 [J]. 生产力研究，2018 (10)：18-22，67.

[198] 王锋，李紧想，张芳，吴艳杰. 金融集聚能否促进绿色经济发展？——基于中国30个省份的实证分析 [J]. 金融论坛，2017，22 (9)：39-47.

[199] 王海全，黄滨，姚林华. 基于内生增长模型的绿色金融支持绿色经济发展研究 [J]. 金融发展评论，2017 (10)：29-47.

[200] 王军华. 论金融业的“绿色革命” [J]. 生态经济，2000 (10)：45-48.

[201] 王克强，李国祥，刘红梅. 工业用地减量化、经济高质量发展与地方财政收入 [J]. 财政研究，2019 (9)：33-46，61.

[202] 王群勇，陆凤芝. 环境规制能否助推中国经济高质量发展？——基于省际面板数据的实证检验 [J]. 郑州大学学报（哲学社会科学版），2018，51 (6)：64-70.

[203] 王锐. 新常态下我国产业结构变迁对经济增长方式的影响 [J]. 商业经济研究，2019 (5)：160-162.

[204] 王文涛，曹丹丹. 互联网资本与民营经济高质量发展：基于企业创新驱动路径视角 [J]. 统计研究，2020，37 (3)：72-84.

[205] 王晓慧. 中国经济高质量发展研究 [D]. 吉林大学，2019.

[206] 王晓岭，何枫，武春友. 环境约束下的能源效率国际比较——基于20国集团的实证检验 [J]. 科技管理研究，2016，36 (19)：248-255.

[207] 王雄飞，李香菊. 高质量发展动力变革与财税体制改革的深化 [J]. 改革，2018 (6)：80-88.

[208] 王遥，潘冬阳，张笑. 绿色金融对中国经济发展的贡献研究 [J]. 经济社会体制比较，2016 (6)：33-42.

[209] 王遥，徐楠. 中国绿色债券发展及中外标准比较研究 [J]. 金融论坛，2016，21 (2)：29-38.

[210] 王业斌，许雪芳. 减税降费与经济高质量发展——来自小微企业的微观证据 [J]. 税务研究，2019 (12)：16-21.

[211] 危平，舒浩. 中国资本市场对绿色投资认可吗？——基于绿色基金的分析 [J]. 财经研究，2018，44 (5)：24-36.

[212] 魏福成，邹薇，马文涛，等. 税收、价格操控与产业升级的障碍——兼论中国式财政分权的代价 [J]. 经济学（季刊），2013，12（3）：1491－1512.

[213] 魏敏，李书昊. 新时代中国经济高质量发展水平的测度研究 [J]. 数量经济技术经济研究，2018，35（11）：3－20.

[214] 文丰安. 新时代中国高质量发展的判断标准、决定因素与实现途径 [J]. 改革，2018（4）：5－16.

[215] 吴福象，沈浩平. 新型城镇化、基础设施空间溢出与地区产业结构升级——基于长三角城市群16个核心城市的实证分析 [J]. 财经科学，2013（7）：88－98.

[216] 吴建祖，王蓉娟. 环保约谈提高地方政府环境治理效率了吗？——基于双重差分方法的实证分析 [J]. 公共管理学报，2019（1）：54－65.

[217] 吴晓敬. 发展绿色保险，实现保险转型 [J]. 商品与质量，2011（7）.

[218] 吴志军，梁晴. 中国经济高质量发展的测度、比较与战略路径 [J]. 当代财经，2020（4）：17－26.

[219] 武建新，胡建辉. 环境规制、产业结构调整与绿色经济增长——基于中国省级面板数据的实证检验 [J]. 经济问题探索，2018（3）：7－17.

[220] 向书坚，郑瑞坤. 中国绿色经济发展指数研究 [J]. 统计研究，2013，30（3）：72－77.

[221] 肖翠翠，原庆丹. 我国绿色经济发展现状及评价 [J]. 环境经济，2013（6）：38－41.

[222] 萧冬连."有计划的商品经济"是如何被突破的 [J]. 中共党史研究，2019（7）：18－35.

[223] 谢婷婷，刘锦华. 绿色信贷如何影响中国绿色经济增长？[J]. 中国人口·资源与环境，2019（9）：83－90.

[224] 邢华. 推动京津冀优势互补高质量发展 [J]. 前线，2020（3）：61－64.

[225] 熊灵，齐绍洲. 金融发展与中国省区碳排放——基于STIRPAT模型和动态面板数据分析 [J]. 中国地质大学学报：社会科学版，2016，16（2）：63－73.

[226] 修静，刘海英，臧晓强. 绿色信贷、节能减排下的工业增长及预测研究 [J]. 当代经济科学，2015（3）：55－62.

[227] 徐敏，姜勇．中国产业结构升级能缩小城乡消费差距吗？[J]．数量经济技术经济研究，2015 (3)：3-21.

[228] 徐胜，赵欣欣，姚双．绿色信贷对产业结构升级的影响效应分析[J]．上海财经大学学报，2018，20 (2)：59-72.

[229] 徐盈之，顾沛．制造业价值链攀升带来了绿色经济效率提升吗？[J]．江苏社会科学，2019 (4)：93-106，258-259.

[230] 徐忠，郭濂，冯殷诺．绿色金融的可持续发展 [J]．南方金融，2018 (10)：3-14.

[231] 许宪春．绿色经济发展与绿色经济核算 [J]．统计与信息论坛，2010，25 (11)：20-23.

[232] 闫春英．东北振兴过程中的金融创新支持研究 [J]．现代经济探讨，2018 (10)：65-69.

[233] 杨超，齐鸣．新形势下质量市场发展概述 [J]．质量与认证，2019 (2)：52-54.

[234] 杨林，张健，许鲜．绿色金融服务乡村振兴的实践探索与思考——以四川省为例 [J]．金融理论与实践，2019 (10)：44-50.

[235] 杨龙，胡晓珍．基于 DEA 的中国绿色经济效率地区差异与收敛分析 [J]．经济学家，2010 (2)：46-54.

[236] 杨劬．我国绿色信贷政策的节能减排机理分析 [J]．学术论坛，2011 (10)：126-130.

[237] 杨万平，赵金凯，卞淑云．教育人力资本对中国绿色经济增长的贡献研究 [J]．教育与经济，2020，36 (2)：60-69.

[238] 杨万平．能源消费与污染排放双重约束下的中国绿色经济增长[J]．当代经济科学，2011，33 (2)：91-98，127.

[239] 杨伟民．贯彻中央经济工作会议精神 推动高质量发展 [J]．宏观经济管理，2018 (2)：13.

[240] 杨文举．基于索洛扩展模型的中国地区工业绿色经济增长核算[J]．统计与决策，2015 (19)：13-17.

[241] 杨文举．引入人力资本的绿色经济增长核算：以中国省份经济为例 [J]．财贸研究，2015，26 (2)：1-8，84.

[242] 杨熠，李余晓璐，沈洪涛．绿色金融政策、公司治理与企业环境信息披露——以 502 家重污染行业上市公司为例 [J]．财贸研究，2011，22

(5): 131 - 139.

[243] 杨志安，邱国庆．财政分权与中国经济高质量发展关系——基于地区发展与民生指数视角 [J]. 财政研究，2019 (8): 27 - 36.

[244] 叶琪，易小丽．G20 绿色融资的发展趋势及其对中国的启示 [J]. 经济研究参考，2017 (68): 21 - 28.

[245] 叶勇飞．“绿色信贷”的“赤道”之旅 [J]. 环境保护，2008 (7): 46 - 48.

[246] 易明，李纲，彭甲超，陈文磊．长江经济带绿色全要素生产率的时空分异特征研究 [J]. 管理世界，2018 (11): 178 - 179.

[247] 于畅，邓洲．贸易环境变化背景下中国制造业参与全球价值链分工——研究前沿综述 [J]. 中国流通经济，2020，34 (5): 40 - 47.

[248] 于成学，葛仁东．投资和消费对地区绿色经济增长的影响——以辽宁省为例 [J]. 华东经济管理，2016，30 (2): 71 - 76，99.

[249] 于晓刚．中国银行业环境记录 [M]. 昆明：云南科技出版社，2014.

[250] 余泳泽，胡山．中国经济高质量发展的现实困境与基本路径：文献综述 [J]. 宏观质量研究，2018，6 (4): 1 - 17.

[251] 袁航，朱承亮．西部大开发推动产业结构转型升级了吗？——基于 PSM-DID 方法的检验 [J]. 中国软科学，2018 (6): 67 - 81.

[252] 苑芳芳．我国绿色债券的发展与实践 [J]. 现代商业，2020 (7): 101 - 102.

[253] 岳昌君，邱文琪，朱亚洲．我国高质量人力资源发展现状与趋势展望 [J]. 福建师范大学学报（哲学社会科学版），2020 (1): 120 - 132.

[254] 扎实推动经济高质量发展扎实推进脱贫攻坚 [N]. 人民日报，2018 - 03 - 06 (1).

[255] 詹小颖．绿色债券市场发展：国际经验及启示 [J]. 南方金融，2016 (9): 18 - 23.

[256] 詹新宇，曾傅雯．经济竞争、环境污染与高质量发展：234 个地级市例证 [J]. 改革，2019 (10): 119 - 129.

[257] 张德茗，白秀艳．技术差距、技术引进与中国工业绿色经济增长 [J]. 广西社会科学，2016 (1): 71 - 76.

[258] 张国庆，闫慧贞．高质量发展导向下产业结构优化对区域绿色全

要素生产率的影响［J］. 江西社会科学，2020，40（5）：63－71.

［259］张军，吴桂英，张吉鹏．中国省际物质资本存量估算：1952—2000［J］. 经济研究，2004（10）：35－44.

［260］张军，章元．对中国资本存量K的再估计［J］. 经济研究，2003（7）：35－43，90.

［261］张丽华，任佳丽，王睿．金融发展、区域创新与碳排放——基于省际动态面板数据分析［J］. 华东经济管理，2017，31（9）：84－90.

［262］张陆伟．波兰地方政府融资发展过程及对我国的借鉴意义［J］. 中国社会科学院研究生院学报，2007（2）：98－103.

［263］张琦．改革开放以来中国宏观经济理论与政策的演变［J］. 经济与管理研究，2019，40（4）：3－13.

［264］张如星．脱贫攻坚战略实施的路径探析［J］. 中国市场，2020（14）：36－37.

［265］张秀生，李子明．"绿色信贷"执行效率与地方政府行为［J］. 经济问题，2009，355（3）：87－90.

［266］张旭亮，史晋川，李仙德，张海霞．互联网对中国区域创新的作用机理与效应．经济地理，2017，37（12）：128－137.

［267］张艳．新时代中国特色绿色发展的经济机理、效率评价与路径选择研究［D］. 西北大学，2018.

［268］张萤．生态文明视野下的绿色经济发展观研究［D］. 江西农业大学，2012.

［269］张云辉，赵佳慧．绿色信贷、技术进步与产业结构优化——基于PVAR模型的实证分析［J］. 金融与经济，2019（4）：43－48.

［270］张卓元．"市场经济"终于写入十四届三中全会文件［J］. 中国经济周刊，2019（18）：123－124.

［271］章金萍．基于经济可持续发展的绿色保险［J］. 浙江金融，2006（3）.

［272］赵红，张茜．外商直接投资对中国产业结构影响的实证研究［J］. 国际贸易问题，2006（8）：82－86.

［273］赵丽霞，阿拉腾额古乐．科技创新能力对经济高质量发展影响路径量化研究［J］. 科学管理研究，2019，37（4）：103－107.

［274］赵美华，张飒．兴业银行发行绿色金融债券的经验研究及启示

[J]. 金融纵横，2016（2）：39－44.

［275］赵紫阳. 中国共产党第十三次全国代表大会上的报告，1987.

［276］郑新立. 实现十三五最大的新动能［J］. 当代财经，2017（1）：7－8.

［277］郑玉琳，翟晓东，马晨晨. 中外发展绿色债券的政策比较与启示［J］. 当代经济，2017（19）：30－32.

［278］中共中央文献研究室编. 十四大以来重要文献选编（上）［M］. 北京：中央文献出版社，2011：107－108.

［279］中国人民银行达州市中心支行课题组. 我国绿色信贷发展问题研究［J］. 西南金融，2017（2）：20－28.

［280］钟实. 在探索与实践中迈向新征程——党的十八大以来我国经济建设取得的成就与经验［J］. 经济，2017（10）：10－13.

［281］钟永飞，孙慧. 资源型省区经济绿色化改造的成本收益分析——以新疆为例［J］. 武汉金融，2017（5）：67－69.

［282］周彩云，葛星. 高新区设立与区域绿色经济增长——基于 PSM-DID 模型［J］. 科技进步与对策，2020，37（3）：43－51.

［283］周凤秀，温湖炜. 绿色产业集聚与城市工业部门高质量发展——来自国家生态工业示范园政策的准自然实验［J］. 产经评论，2019，10（1）：5－19.

［284］周倪波. 绿色信贷促进经济增长方式转型［J］. 环境保护，2010（12）：40－41.

［285］周莹莹. 金融发展对碳排放的影响——以 23 个国家与地区为例［J］. 求索，20（5）：79－87.

［286］周岳龙. 中国特色社会主义绿色发展理念的历史脉络与现实评价研究［D］. 湖南工业大学，2018.

［287］庄莉. 习近平绿色发展理念及其实践路径研究［D］. 华东理工大学，2018.

［288］Acemoglu D，Aghion P，Hemous B. The Environment and Directed Technical Change［J］. American Economic Review，2012，102（1）：131－166.

［289］Acheampong A，Amponsah M，Boateng E. Does Financial Development Mitigate Carbon Emissions? Evidence from Heterogeneous Financial Economies［J］. Energy Economics，2020：88－99.

[290] Adem G. The role of Financial Development on Carbon Emissions: A Meta Regression Analysis [J]. Environmental Science and Pollution Research, 2020, 27 (28).

[291] Aizawa M, Yang C. Green Credit, Green Stimulus, Green Revolution? China's Mobilization of Banks for Environmental Cleanup [J]. The Journal of Environment & Development, 2010, 19 (2): 119 - 144.

[292] Ali S, Hamid W, Ahmad N. Analyzing the Dynamics of Energy Consumption, Liberalization, Financial Development, Poverty and Carbon Emissions in Pakistan [J]. Journal of Applied Environmental and Biological Sciences, 2015, 5 (4): 166 - 183.

[293] Asumadu-Sarkodie S, Owusu P. A multivariate analysis of carbon dioxide emissions, electricity consumption, economic growth, financial development, industrialization, and urbanization in Senegal [J]. Energy Sources Part B Economics Planning & Policy, 2017, 12 (1): 77 - 84.

[294] Boulding K E. The Economics of the Coming Spaceship Earth [M]. Maryland: The Johns Hopkins Press, 1966.

[295] Boutabba, M. The impact of financial development, income, energy and trade on carbon emissions: evidence from the Indian economy [J]. Economic Modelling, 2014, 40 (3): 33 - 41.

[296] Cai X, Lu Y, Wu M, et al. Does Environmental Regulation Drive Away Inbound Foreign Direct Investment? Evidence from a Quasi-Natural Experiment in China [J]. Journal of Development Economics, 2016, 123: 73 - 85.

[297] Charfeddine L, Khediri K. Financial Development and Environmental Quality in UAE: Cointegration with Structural Breaks [J]. Renewable and Sustainable Energy Reviews, 2016 (55): 1074 - 1085.

[298] Chen Y, Hung M, Wang Y. The effect of Mandatory CSR Disclosure on firm Profitability and Social Externalities: Evidence from China [J]. Journal of Accounting & Economics, 2018, 65 (1): 169 - 190.

[299] Clark R, Reed J, Sunderland T. Bridging funding gaps for climate and sustainable development: Pitfalls, progress and potential of private finance [J]. Land Use Policy, 2018, 71: 335 - 346.

[300] Cleene S, Wood C. Sustainability banking in Africa [J]. African

Institute of Corporate Citizenship, Johannesburg, 2004: 18 - 20.

[301] Cortazar G, Schwartz E S, Salinas M. Evaluating environmental investments: A real options approach [J]. Management Science, 1998, 44 (8): 1059 - 1070.

[302] Cowan E. Topical issues in environmental finance [J]. Research paper was commissioned by the Asia Branch of the Canadian International Development Agency (CIDA), 1999, 1: 1 - 20.

[303] Cowan, E. Topical issues in environmental finance [R]. Special and Technical Paper, Economy and Environment Program for Southeast Asia, revised Jan, 1998.

[304] Cui Y, Geobey S, Weber O, et al. The Impact of Green Lending on Credit Risk in China [J]. Sustainability, 2018, 10 (6): 1 - 16.

[305] de Rome C, Meadows D H. The Limits to Growth: A Report for the Club of Rome's Project on the Predicament of Mankind [M]. New York: Universe Books, 1972.

[306] Demirguc-Kunt A, Maksimovic V. Stock Market Development and Financing Choices of Firms [J]. World Bank Economics Review, 1996, 10 (2): 341 - 369.

[307] Dirk W, Gelderblom D. Higher education policy change and the hysteresis effect: Bourdieusian analysis of transformation at the site of a post-apartheid university [J]. Higher Education, 2017, 74 (2): 1 - 15.

[308] Dogan E, Seker F. The influence of Real Output, Renewable and Non-renewable Energy, Trade and Financial Development on Carbon Emissions in the top Renewable Energy Countries [J]. Renewable & Sustainable Energy Reviews, 2016, 60 (7): 1074 - 1085.

[309] Ehigiamusoe K. Effects of Energy Consumption, Economic Growth, and Financial Development on Carbon Emissions: Evidence from Heterogeneous Income Groups [J]. Environmental Science and Pollution Research, 2019, 26 (22).

[310] Feitelson E. An alternative role for economic instruments: sustainable finance for environmental management [J]. Environmental Management, 1992, 16 (3): 299 - 307.

[311] Feldman R D, Adams J W. Environmental Finance [J]. Bank Man-

agement, 1990, 66 (4): 1 –16.

[312] Feldman R D, Knapp G M. Environmental finance. Solutions are on the way [J]. Strategic Planning for Energy and the Environment, 1991, 10 (4): 52 –60.

[313] Feldman R D. The greening of environmental finance [J]. Bankers Magazine, 1990, 173 (6): 68 –73.

[314] Galema R, Plantinga A, Scholtens B. The Stocks at Stake: Return and Risk in Socially Responsible Investment [J]. Journal of banking & finance, 2008, 32 (12): 2646 –2654.

[315] Graham A, Maher J, Northcut W. Environmental Liability Information and Bond Ratings [J]. Journal of Accounting Auditing & Finance, 2001, 16 (2): 93 –116.

[316] He J, Tong J, Wang W. "Green Finance" and the Sustainable Development of Economy [J]. Ecological Economy, 2006.

[317] He L, Zhang L, Zhong Z, et al. Green Credit, Renewable Energy Investment and Green Economy Development: Empirical Analysis Based on 150 Listed Companies of China [J]. Journal of Cleaner Production, 2019, 208: 363 –372.

[318] Hu Y Q, Jiang S Y, Zhong Z Q. Impact of Green Credit on Industrial Structure in China: Theoretical Mechanism and Empirical Analysis [J]. Environmental Science and Pollution Research, 2020: 1 –14.

[319] Ilhan O, Ali A. The Long-run and Causal Analysis of Energy, Growth, Openness and Financial Development on carbon emissions in Turkey [J]. Energy Economics, 2013, 36: 262 –267.

[320] Jacobson L S, LaLonde R J, Sullivan D G. Earnings Losses of Displaced Workers [J]. The American Economic Review, 1993: 685 –709.

[321] Jade D, The European Green Funds Market 2018 [M]. Novethic Research Centre, 2018.

[322] Javorcik B S, Wei S J. Pollution Havens and Foreign Direct Investment: Dirty Secret or Popular Myth? [J]. Contributions in Economic Analysis & Policy, 2003, 3 (2): 1244 –1244.

[323] Jeucken M. Sustainable finance and banking: The financial sector and the future of the planet [M]. Earthscan, 2010.

[324] Kang H, Jung S Y, Lee H. The impact of Green Credit Policy on manufactures' efforts to reduce suppliers' pollution [J]. Journal of Cleaner Production, 2020, 248: 119 -271.

[325] Kaosa-ard M, Panayotou T, DeShazo J. Green Finance: Valuation and Financing of Khao Yai National Park in Thailand [J]. Thailand Development Research Institute Policy Brief, 1995, 586 (1 -3): 313 -321.

[326] Katircioglu S, Taspinar N. Testing the Moderating Role of Financial Development in an Environmental Kuznets Curve: Empirical Evidence from Turkey [J]. Renewable & Sustainable Energy Reviews, 2017, 68 (1): 572 -586.

[327] Kublicki N. Green Finance: Problems and Solutions Concerning Alternative Environmental Debt Exchanges [J]. Vt. L. Review, 1993, 18: 313.

[328] Labatt S, White R. Environmental finance: A guide to environmental risk assessment and financial products [M]. New York: John Wiley & Sons Inc. , 2002.

[329] Labatt S, White R. Environmental finance: a guide to environmental risk assessment and financial products [M]. New York: John Wiley & Sons, 2003.

[330] Labatt S. Environmental Finance: A Guide to Environmental Risk Assessment and Financial Products [J]. Transplantation, 2002, 66 (8): 405 -409.

[331] Li F M, Ma X L, Fei H. Synchronization-based, Multi-Channel Multi-Interface Medium Access Scheme In Ad hoc Network [J]. Iet Communications, 2010, 5 (14): 2082 -2090.

[332] Li W, Hu M. An Overview of the Environmental Finance Policies in China: Retrofitting an Integrated Mechanism for Environmental Management [J]. Frontiers of Environmental Science & Engineering, 2014, 8 (3): 316 -328.

[333] Li W, Hu M. An overview of the environmental finance policies in China: retrofitting an integrated mechanism for environmental management [J]. Frontiers of Environmental Science & Engineering, 2014, 8 (3): 316 -328.

[334] Liu J Y, Xia Y, Fan Y, et al. Assessment of a Green Credit Policy Aimed at Energy-Intensive Industries in China Based on a Financial CGE Model [J]. Journal of Cleaner Production, 2017, 163: 293 -302.

[335] Liu J, Xia Y, Fan Y, et al. Assessment of a Green Credit Policy Aimed at Energy-intensive Industries in China Based on a Financial CGE Model

[J]. Journal of Cleaner Production, 2017: 293 -302.

[336] Liu X H, Wang E X, Cai D T. Green credit policy, property rights and debt financing: Quasi-natural experimental evidence from China [J]. Finance Research Letters, 2019, 29: 129 -135.

[337] Martinez M, Mlachila M. The quality of the recent high-growth episode in Sub-Saharan Africa [M]. International Monetary Fund, 2013.

[338] McNeely J. Sustainable finance for protected areas [J]. Protected Areas in the 21st Century: From Islands to Networks, 1997: 24 -28.

[339] Meyer C. Public-nonprofit partnerships and North-South green finance [J]. The Journal of Environment & Development, 1997, 6 (2): 123 -146.

[340] Michael F, Petersen A. Does the Source of Capital Affect Capital Structure? [J]. The Review of Financial Studies, 2006, 19 (1): 45 -79.

[341] Mitton T. Why have Debt Ratios Increased for Firms in Emerging Markets? [J]. Europe Finance Management, 2008, 14 (1): 127 -151.

[342] Mlachila M, Tapsoba R, Tapsoba S J A. A quality of growth index for developing countries: A proposal [J]. Social Indicators Research, 2017, 134 (2): 675 -710.

[343] OECD. Trends in Environmental Finance in Eastern Europe [R]. Caucasus and Central Asia, 2007.

[344] Oh D H. A global Malmquist-Luenberger Productivity Index [J]. Journal of Productivity Analysis, 2010, 34 (3): 183 -197.

[345] Pearce D, Markandya A, Barbier E B. 1989: Blueprint for a green economy [M]. London: Earthscan, 1989.

[346] Porter M. America's Green Strategy [J]. Scientific American, 1991, 4: 168.

[347] Richardson S. Over-investment of free cash flow [J]. Review of Accounting Studies, 2006, 11 (2 -3): 159 -189.

[348] Roelfsema M, Safonov G, Soest H, et al. Taking stock of national climate policies to evaluate implementation of the Paris Agreement [J]. Nature Communications, 2020, 11 (2096).

[349] Salazar J. Environmental finance: Linking two worlds [R]. Financial Innovations for Biodiversity Bratislava, 1998.

[350] Salazar J. Environmental finance: linking two worlds [Z]. Presented a Workshop on Financial Innovations for Biodiversity Bratislava. 1998, 1: 2-18.

[351] Scholtens B. Finance as a Driver of Corporate Social Responsibility [J]. Journal of Business Ethics, 2006, 68 (1): 19-33.

[352] Shahzad S, Kumar R, Zakaria M, et al. Carbon emission, energy consumption, trade openness and financial development in Pakistan: A revisit [J]. Renewable & Sustainable Energy Reviews, 2017, 70 (4): 185-192.

[353] Shan Y, Guan D, Zheng H, et al. China CO_2 emission accounts 1997-2015 [J]. Scientific Data, 2018, 5 (1): 170201-170201.

[354] Shan Y, Huang Q, Guan D, et al. China CO_2 emission accounts 2016-2017 [J]. Scientific Data, 2020, 7 (1): 1-9.

[355] Street P, Monaghan P. Assessing the sustainability of bank service channels: The case of The Co-operative Bank [J]. Sustainable Banking: The Greening of Finance, 2001: 72-87 (16).

[356] Tang A, Chiara N, Taylor J. Financing renewable energy infrastructure: Formulation, pricing and impact of a carbon revenue bond [J]. Energy Policy, 2012, 45 (1): 691-703.

[357] UNDP. Human development report [M]. Oxford University Press New York, 1990.

[358] UNEP. Towards a green economy: Pathways to sustainable development and poverty eradication [R]. Nairobi, Kenya: UNEP, 2011.

[359] UNEP. Briefing notes of Green Economy Initiative [R]. Nairobi, 2008.

[360] United Nations. Millennium development goals [R]. UNGA United Nations Millennium Declaration, 2000.

[361] White M A. Environmental finance: value and risk in an age of ecology [J]. Business strategy and the environment, 1996, 5 (3): 198-206.

[362] Wright C. Global Banks, the Environment, and Human Rights: The Impact of the Equator Principles on Lending Policies and Practices [J]. Global Environmental Politics, 2012, 12 (1): 56-77.

[363] Yao C. Population Size, Economics Growth and Carbon Emission: Based on the Empirical Analysis and International Comparison [J]. economic geography, 2012.

[364] Zaidi S A, Zafar M, Shahbaz M, et al. Dynamic Linkages between Globalization, Financial Development and Carbon Emissions: Evidence from Asia Pacific Economic Cooperation countries [J]. Journal of Cleaner Production, 2019, 228 (AUG. 10): 533 -543.

[365] Zhang B, Yang Y, Bi J, et al. Tracking the implementation of green credit policy in China: Top - down perspective and bottom-up reform [J]. Journal of Environmental Management, 2011, 92 (4): 1321 -1327.

[366] Zhang B, Yang Y, Bi J. Tracking the Implementation of Green Credit Policy in China: Top-down Perspective and bottom-Up Reform [J]. Journal of Environmental Management, 2011, 92 (4): 1321 -1327.

[367] Zhou X, Tang X, Zhang R. Impact of Green Finance on Economic Development and Environmental Quality: A Study Based on Provincial Panel Data from China [J]. Environmental Science and Pollution Research, 2020, 27 (16).